社交媒体的投资者情绪与中国证券市场互动关系的实证研究

上海市"科技创新行动计划"软科学研究项目(22692108040)
上海市高水平学科建设项目(管理科学与工程)
浙江省软科学研究计划一般项目"金融科技驱动浙江省低碳创新发展的路径优化及发展战略研究"(2022C35067)

赵敬华 程琬芸 林杰 肖玉杰 ⊙著

立信会计出版社

图书在版编目(CIP)数据

社交媒体的投资者情绪与中国证券市场互动关系的实证研究 / 赵敬华等著. —上海：立信会计出版社，2022.9
ISBN 978-7-5429-6976-7

Ⅰ.①社… Ⅱ.①赵… Ⅲ.①投资者－情绪－影响－证券市场－市场交易－研究－中国 Ⅳ.①F832.51

中国版本图书馆 CIP 数据核字(2022)第 111454 号

策划编辑　张巧玲　倪丹燕
责任编辑　方士华

社交媒体的投资者情绪与中国证券市场互动关系的实证研究
SHEJIAO MEITI DE TOUZIZHE QINGXU YU ZHONGGUO ZHENGQUAN SHICHANG HUDONG GUANXI DE SHIZHENG YANJIU

出版发行	立信会计出版社			
地　　址	上海市中山西路 2230 号	邮政编码	200235	
电　　话	(021)64411389	传　　真	(021)64411325	
网　　址	www.lixinaph.com	电子邮箱	lixinaph2019@126.com	
网上书店	http://lixin.jd.com		http://lxkjcbs.tmall.com	
经　　销	各地新华书店			
印　　刷	苏州市古得堡数码印刷有限公司			
开　　本	710 毫米×1000 毫米　1/16			
印　　张	9.5			
字　　数	160 千字			
版　　次	2022 年 9 月第 1 版			
印　　次	2022 年 9 月第 1 次			
书　　号	ISBN 978-7-5429-6976-7/F			
定　　价	48.00			

如有印订差错，请与本社联系调换

前　言

　　Web 2.0 技术的发展和社交媒体的普及，使得人们搜索信息和交流沟通的方式都发生了翻天覆地的改变，社交媒体逐渐成为投资者获取实时信息、抒发个人情感和与其他投资者交流投资经验等最主要的工具之一。国内外关于社交媒体用户原创内容（user generated content，UGC）与证券市场之间的关系研究仍处于起步阶段，而国内囿于学科理论交叉不足、信息技术限制及中文语料资源匮乏，相关研究大多围绕用户活跃度与证券市场之间的关系展开，而少有涉及对社交媒体海量 UGC 中蕴含的丰富的投资者对市场总体的主观情绪信息与证券市场之间的关系研究。

　　本书引入投资者情绪的概念，用其来度量社交媒体中 UGC 中蕴含的投资者主观情绪信息，并将其作为研究社交媒体与证券市场互动关系的中间变量。因此，本书在建立社交媒体的投资者情绪指数基础上，系统地分析了社交媒体 UGC 与证券市场的互动关系。本书为此开展了大量的研究工作，并有所创新，主要包括以下几个方面：

　　（1）设计和实现了社交媒体的投资者情绪指数建立模型。本书采用 Web 信息采集、自然语言处理语言和文本分析等多种信息技术，实现基于文本分析技术的投资者情绪指数建立模型。社交媒体的投资者情绪指数包含关注度、情感倾向值和意见分歧度三个指标，它既可以对社交媒体 UGC 中蕴含的投资者对市场信息的关注、心理预期及异质信念等主观情绪信息进行系统度量，也可以作为研究社交媒体 UGC 与证券市场的中间桥梁。

　　（2）检验了社交媒体的投资者情绪对超短期市场收益波动的影响。本书建立新浪微博的投资者情绪指数，将关注度指标和情感倾向值指标分别作为社交媒体信息流、情绪流的代理变量，在混合分布假说的基础上，通过条件异方差（GARCH）模型分析投资者情绪指数对上证日内收益波动率的影响后发现，社交媒体信息流对日内市场波动性有显著的正向影响，情绪流对日内市场波动性有显著的反向修正作用。

(3) 分析了社交媒体的投资者情绪与证券市场之间的短期互动关系。本书以新浪微博的投资者情绪指数和深圳成分指数收益、成交量为样本数据,运用向量自回归(VAR)模型分析投资者情绪指数对市场收益、成交量的预测能力及相互之间的影响。实证结果表明,社交媒体的投资者情绪有助于预测成交量,并且与市场收益、成交量之间均存在短期联动关系。

(4) 探讨了社交媒体的投资者情绪与证券市场的短期联动及长期相互影响。本书借助物流论坛的投资者情绪指数,以沪深两市55只电子商务个股构建电子商务板块指数为研究样本,运用向量自回归(VAR)模型分析投资者情绪指数与板块收益、成交量和波动性之间的领先—滞后关系以及长期影响效应,同时再次检验相互间的短期联动效应。实证分析发现,社交媒体的投资者情绪有助于预测板块收益、成交量和波动性,投资者情绪与证券市场不仅存在短期联动效应,而且关注度指标与板块指数特征指标之间存在着26周左右的长期效应。

本书受益于以下科研项目:上海市"科技创新行动计划"软科学研究项目(2269210840)、上海市高水平学科建设项目(管理科学与工程)、浙江省软科学研究计划一般项目"金融科技驱动浙江省低碳创新发展的路径优化及发展战略研究"(2022C35067)。

赵敬华

2022年8月

目 录

第1章 导论 ··· 1
  1.1 研究背景与研究意义 ·· 1
    1.1.1 选题背景和问题的提出 ·· 1
    1.1.2 研究意义 ·· 3
  1.2 研究思路与方法 ·· 4
    1.2.1 概念界定 ·· 4
    1.2.2 研究思路及方法 ·· 5
  1.3 研究的主要内容 ·· 6
  1.4 本书创新之处 ·· 7

第2章 相关理论与文献综述 ·· 8
  2.1 金融学理论概述 ·· 8
    2.1.1 有效市场假说概述 ·· 8
    2.1.2 行为金融理论概述 ·· 9
    2.1.3 市场信息与资产定价 ··· 10
  2.2 投资者情绪定义与度量方法 ··· 13
    2.2.1 投资者情绪的定义 ··· 13
    2.2.2 投资者情绪的度量方法 ······································· 14
  2.3 社交媒体与市场信息 ··· 16
    2.3.1 社交媒体相关概念 ··· 16
    2.3.2 社交媒体对市场信息的影响 ··································· 19
  2.4 社交媒体用户原创内容与证券市场的研究现状 ························· 21
    2.4.1 网络新闻网站的相关研究 ····································· 22
    2.4.2 股票论坛的相关研究 ··· 23
    2.4.3 博客、微博UGC的相关研究 ··································· 25

2.4.4 其他社交媒体的相关研究 …………………………… 27
　2.5 基本实证模型 …………………………………………………… 28
　　　2.5.1 博克斯—詹金斯法建模思想 ………………………… 28
　　　2.5.2 主要数学模型和计量方法 …………………………… 29
　2.6 已有文献的不足与研究启示 …………………………………… 33

第3章 社交媒体UGC与证券市场之间关系的研究框架与设计 …… 35
　3.1 研究框架 ………………………………………………………… 35
　　　3.1.1 社交媒体UGC蕴含着反映投资者情绪的有效信息 … 35
　　　3.1.2 投资者情绪与证券市场之间关系的理论分析 ……… 36
　3.2 研究内容具体设计 ……………………………………………… 39
　　　3.2.1 投资者情绪指数的建立 ……………………………… 39
　　　3.2.2 投资者情绪与证券市场互动关系的实证分析 ……… 40
　3.3 本章小结 ………………………………………………………… 42

第4章 基于文本分析的投资者情绪指数建立模型 ………………… 43
　4.1 相关技术综述 …………………………………………………… 43
　　　4.1.1 信息采集技术 ………………………………………… 43
　　　4.1.2 文本分析技术 ………………………………………… 44
　　　4.1.3 现有的中文语料资源 ………………………………… 46
　4.2 投资者情绪指数构建的总体流程 ……………………………… 47
　4.3 投资者情绪指数构建的实现 …………………………………… 48
　　　4.3.1 投资者情绪指数的度量指标选择 …………………… 48
　　　4.3.2 信息采集 ……………………………………………… 49
　　　4.3.3 信息预处理 …………………………………………… 51
　　　4.3.4 建立证券领域情感语料资源 ………………………… 54
　　　4.3.5 构建投资者情绪指数 ………………………………… 60
　　　4.3.6 投资者情绪指数建立结果分析 ……………………… 64
　4.4 本章小结 ………………………………………………………… 66

第5章 新浪微博的投资者情绪对超短期市场波动性影响分析 …… 68
　5.1 混合分布假说及研究假设 ……………………………………… 69

5.2 实证数据 ·· 71
    5.2.1 上证综合指数日内数据 ·· 71
    5.2.2 新浪微博日内数据 ··· 71
    5.2.3 投资者情绪与市场收益的描述性分析 ···························· 74
5.3 实证分析与结果 ·· 76
    5.3.1 GARCH 模型的建立 ··· 76
    5.3.2 投资者情绪指数与市场收益率的自相关性分析 ················ 77
    5.3.3 投资者情绪指数与市场收益率的平稳性分析 ···················· 79
    5.3.4 新浪微博信息流到达对市场收益波动的影响 ···················· 79
    5.3.5 新浪微博的情绪流到达对市场收益波动的影响 ················ 80
    5.3.6 对实证结果的分析和讨论 ··· 88
5.4 本章小结 ·· 88

第 6 章 新浪微博的投资者情绪与证券市场短期关系研究 ············· 90
6.1 相关文献回顾及研究假设 ·· 91
6.2 实证数据 ·· 93
    6.2.1 深圳成分指数每日数据 ·· 93
    6.2.2 新浪微博每日数据 ·· 93
    6.2.3 投资者情绪与证券市场特征指标的描述性分析 ················ 94
6.3 实证分析与结果 ·· 95
    6.3.1 投资者情绪与市场特征指标的相关性分析 ······················ 95
    6.3.2 向量自回归模型的建立 ·· 96
    6.3.3 新浪微博的投资者情绪对市场特征指标的预测能力 ·········· 96
    6.3.4 新浪微博的投资者情绪与证券市场的互动关系 ················ 98
    6.3.5 对实证结果的分析和讨论 ··· 101
6.4 本章小结 ·· 102

第 7 章 物流论坛的投资者情绪与行业板块短期互动及长期影响研究 ··· 103
7.1 理论依据及研究假设 ·· 104
7.2 实证数据 ·· 106
    7.2.1 电子商务板块指数 ·· 106
    7.2.2 电子商务物流论坛数据 ·· 107

  7.2.3 投资者情绪指数与行业板块特征指标的描述性分析 …… 109
 7.3 实证分析与结果 …………………………………………… 110
  7.3.1 模型选择及建立 …………………………………… 110
  7.3.2 变量相关性分析 …………………………………… 112
  7.3.3 物流论坛的投资者情绪对行业板块的预测能力 …… 113
  7.3.4 物流论坛的投资者情绪与行业板块的动态分析 …… 114
  7.3.5 物流论坛的投资者情绪指数各指标的重要性检验 …… 121
  7.3.6 对实证结果的分析和讨论 ………………………… 122
 7.4 本章小结 …………………………………………………… 123

第8章 结论与展望 ……………………………………………… 125
 8.1 主要结论和启示 …………………………………………… 125
 8.2 不足和工作展望 …………………………………………… 127

附录 …………………………………………………………………… 128
 附录1 标注情感语料库（部分语料） ……………………… 128
 附录2 标注情感语料库增加的物流相关语料 ……………… 130

参考文献 ……………………………………………………………… 131

第 1 章 导　　论

1.1　研究背景与研究意义

1.1.1　选题背景和问题的提出

无论是股票交易数据、上市公司的基本面状况、投资者对市场未来的预期水平,还是其他定价因素,这些因素以信息的形式不断地传递给大部分投资者并融入他们的认知当中,投资者做出适当的投资决策,使得信息可以持续不断地影响证券市场股票价格。随着 Web 2.0 的出现和广泛应用,移动论坛、短视频平台、虚拟社区、微博、WIKI 等参与性强的 Web 应用程序和社交网站,依靠使用和沟通方式的简单化和多样化、发布目的和方式的随意化、富有创造性以及参与者能够随时随地通过移动设备参与在线活动等特点,不断提高其在金融市场各方参与者中的覆盖率。社交媒体已经成为投资者获取财经证券信息的重要渠道之一。截至 2020 年 6 月底,网络新闻用户在中国 9.4 亿网民中的覆盖率达到了 77.1%,网民使用电脑搜索信息时除了使用综合搜索引擎外,视频网站、购物网站和社交网站的使用率都超过了 50%;使用微博搜索新闻的比例为 70.4%,超过使用综合搜索引擎的比例 62.7%。在财经证券领域,2020 年 1 月财经证券类网站总访问次数达 381 539 万次,月总页面浏览量达 381 539 万次,月总访问时长达 9 122 万小时。社交媒体、虚拟服务等新型交互模式拓展了投资者创造、获取和利用金融信息的范围和形式,使财经证券信息可以更加透明。

社交媒体为证券市场各方参与者带来的大规模信息量、与人际关系交织在一起的复杂网络结构,以及影响力急剧扩大的互联网舆情都引起了学术界和实务界等多方关注。我们从人民网舆情数据中心 2019 年和 2020 年的互联网舆情监测数据中看到,从 2019 年的"AI 换脸过度收集个人信息事件"、步长制药陷入"斯坦福丑闻"到 2020 年的中国银行"原油宝"事件,再到"字节跳动被迫出售 Tik Tok 美国业务"和海底捞卷入"复工后涨价"风波,无论是企业自身舆情事件,抑或是看似宏观的社会、政治大事件,都与上市公司密切相连。网络媒体成为事件曝光的主要渠道之一,微博等社交媒体则成为消费者、企业内部员工曝光舆情事件的主要途径。如今,短视频平台、微博和微信公众号等社交媒体的海量内容已经被纳入人民网舆情数据中心的舆情监控范围。无论是个人及机构投资者,还是企业和政府监管部门,都需要重视社交媒体的舆论收集,以及对海量舆论内容进行深度挖掘和分析。只有如此,投资者才能及时获取市场信息,减少信息不对称,增加对市场风险的认识,全面把握个股的投资价值;企业才能快速发现问题并积极应对消极、危机事件,解除或减弱舆论质疑和诟病,从而避免或减轻舆情事件对证券市场的不利冲击;政府监管部门才可以及时了解、监管和引导舆论动向和市场情绪,为增强证券市场的信息监管、建立透明高效的市场运行体系提供有效的保证。

然而,面对社交媒体中以几何级数增长的信息量、有别于传统媒体的复杂网络结构,如何使用和利用社交媒体提供的廉价而丰富的数据资源,是学术界和实务界都必须面对的首要问题。本书认为,投资者情绪是联系社交媒体的用户原创内容(user generated content,UGC)和证券市场的中间媒介。依据行为金融学,投资者从社交媒体获取信息后,在信息加工、分析、整合等处理环节中,个人自身投资心理和情绪加上市场可能的群体偏差,都可能影响投资者对资产价格的判断和所做出的投资决策,从而对证券市场产生影响。当前投资者情绪有主观指标、客观指标和代理指标三种常用指标,由于受调查数据、调查对象和调查成本等不同因素制约,这些指标都不能完全反映投资者情绪。以社交媒体海量 UGC 为投资者心理状态和情绪的直接来源,可以用低廉的成本从最广泛的调查对象中获取最及时、最真实的投资者主观情绪。因此,通过文本分析技术从 UGC 中提炼并建立投资者情绪指数,不仅有助于系统地把握投资者心理特征,理解投资者行为及其对证券市场的影响效应,而且更可以通过这座社交媒体 UGC 与证券市场之间的桥梁,为相关研究的深入开展、相关领域的研究创新创造可能性。

社交媒体 UGC 和证券市场之间的关系研究涉及学科理论众多,并且需要信息技术的支持。目前,国内外相关研究仍处在起步阶段,所面临的一系列挑战包括:

第一,社交媒体 UGC 中存在着大量的非结构化数据,包括电子文档、文本内容、表格、图片和视频等内容,如何理解和使用这些非结构化数据是一种挑战。

第二,目前国内外自然语言处理和文本分析技术并没有专门针对金融证券领域的技术,语料资源和分析工具都非常缺乏,如何在现有的自然语言处理和中文文本分析技术基础上处理、分析与金融证券相关的文本内容并进行提炼,建立社交媒体的投资者情绪指数也是一种挑战。

第三,已有的相关研究大多是利用社交媒体的用户活动信息,如活跃程度、关注程度等指标来研究社交媒体 UGC 与证券市场之间的关系,而利用社交媒体 UGC 包含的情绪信息去研究社交媒体 UGC 与证券市场之间关系的并不多,对社交媒体 UGC 与证券市场之间关系的系统性实证研究更是少有。

由此,本书借助投资者情绪,通过研究投资者情绪与国内证券市场之间的互动关系,加深对社交媒体 UGC 信息含量的认识,探索社交媒体 UGC 通过影响投资者心理预期在证券市场引起的效应。该研究具有极大的理论和现实意义。

1.1.2 研究意义

首先,作为新兴且处于转型中的中国证券市场,其与西方成熟资本市场存在许多不同点。例如,个人投资者仍占重要比重,投资者仍不具备成熟的投资理念及投资心理等。目前,我国证券市场中仍缺乏学术界、企业界和公众一致认可的投资者信息。从金融价格衍生出来的客观指标无法直接反映投资者信息;主观指标虽然能直接反映投资者信息,但受到调查成本、调查对象的主观因素制约,调查质量受到很大的影响。本书拟从投资者关注、投资者预期和异质信念三方面出发,并将其作为投资者情绪的三项度量指标,希望借此能找到一套能够较全面衡量我国投资者情绪的指标;利用 Web 信息采集、自然语言处理和文本分析等多种信息技术,融合统计评价等方法,将社交媒体 UGC 中反映投资者的判断、情感倾向和异质化(意见分歧)的有效信息进行量化,建立系统的投资者情绪指数。社交媒体的投资者情绪指数的建立,不仅有助于为金融市场提供较好的投资者信息,而且有助于理解我国投资者的心理变化和行为特征,揭示投资者心理预期与收益、交易量、波动性之间的互动过程,为监管层提供政策调控的理论指导,更为今后证券领域相关研究提供新的思路和选择。

其次,社交媒体现在已经是投资者获取市场信息的主要渠道之一,其实时、便捷的信息发布和分享机制,可以保证信息高效准确地在社区内传播和扩散,这对投资者心理、行为的影响更大。所以,本书在对社交媒体 UGC 的选择过程中,不仅选择了即时通信社交媒体中财经类的即时新闻、热点新闻等非基本面话题的讨论内容,还挑选了物流社交媒体中有关宏观经济环境、行业环境动态和企业状况等基本面话题的讨论内容,力求通过系统分析非基本面因素、基本面因素两类不同讨论内容对投资者心理预期的影响及其对证券市场收益、波动性和交易量的影响,全面地分析社交媒体 UGC 对证券市场的影响效应,对我国拓宽及强化证券市场管理、优化市场稳定机制、提高市场监管能力和拓宽媒体监督治理都具有重要的现实意义。

最后,随着大数据时代的到来,不仅数据量呈现爆炸式增长,而且数据的复杂性、多样性、低价值密度和实时性等特征日益显著。证券市场作为大数据发挥作用的重要领域之一,如今面临着巨大的挑战,包括:如何利用无所不在的市场信息、如何将信息有效纳入定价模型、如何扩大金融服务的边界和增加个性化服务以及如何实现实时风险管理和决策模式等。面对复杂的证券市场,如何为证券市场引入大数据技术、充分利用互联网信息和考虑大数据战略等均是棘手问题。本书围绕投资者情绪、社交媒体 UGC 和证券市场的研究是对信息技术在金融领域的应用的一次有益尝试,希望能起到抛砖引玉的效果。

1.2 研究思路与方法

1.2.1 概念界定

为了避免概念混淆,保证本研究工作的严密性和科学性,下面先对本书涉及的两个重要概念进行界定和说明。

1.2.1.1 社交媒体

本书将具备自上而下的渠道控制和主流媒体的专业生产的信息传播特点的媒体称为传统媒体,如报纸、杂志、广播和电视等;将通过互联网进行信息单向传播,信息发布者和信息消费者之间无法进行互动与对话的网络媒体称为非社交媒体,如早期的新闻网站、门户网站等;将通过互联网进行信息双向传播,信息发布者和信息消费者之间可以进行类似现实生活中面对面交流的网上社交活动的网络媒体称为社交媒体(social media),如短视频平台、微信公众号、微博等。本书将在第 2 章第 2.3 节对社交媒体的发展、相关概念进行具体说明。

1.2.1.2 投资者情绪

投资者情绪是行为金融学的专用名词,本书将在第 2 章第 2.3 节对其进行

第1章 导　　论

界定。本书根据研究内容需要,将投资者情绪定义为投资者整体基于个体对市场信息认知的异质化和群体相互影响而形成的一种包含对市场未来的判断、预期和异质信念三种属性的情绪。

1.2.2　研究思路及方法

本书的研究属于多学科交叉研究,所涉及的学科领域包括信息管理、数据挖掘、人工智能、计量经济学、心理学和行为金融学等。本书遵循"提出问题→分析问题→解决问题"的传统研究思路。本书研究的技术思路如图1.1所示。

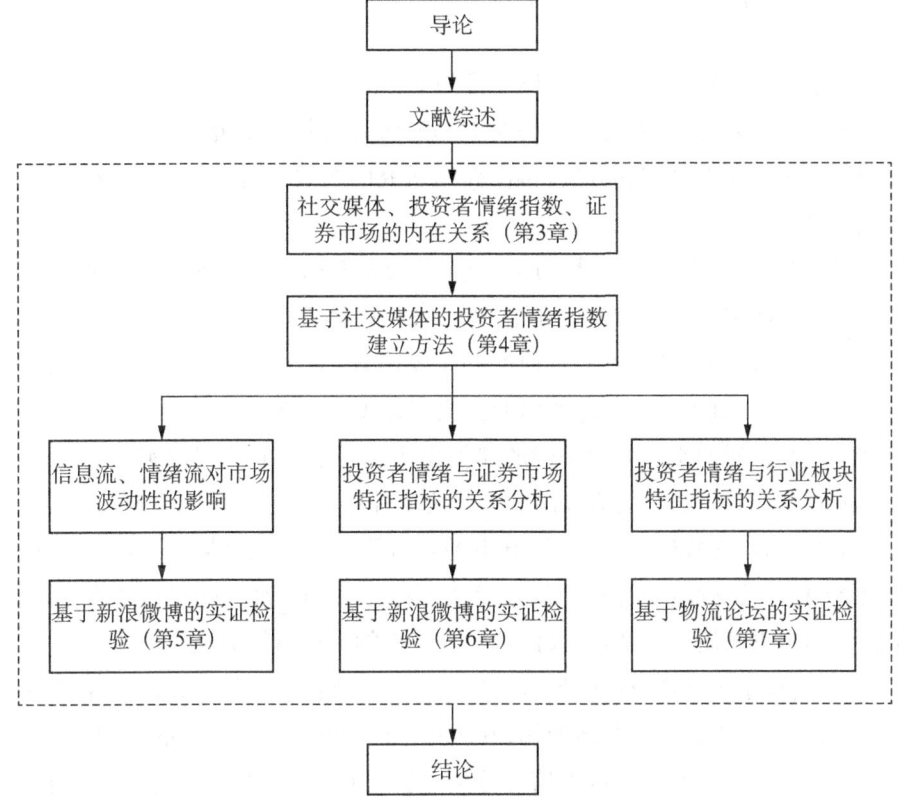

图1.1　技术思路图

首先,本书收集和整理国内外相关文献及数据资料,对相关领域的研究成果和研究前沿进行系统的梳理,学习其所用的研究方法和信息技术,分析和总结现有研究存在的不足之处,定位本书的研究主题。

其次,本书运用Web信息采集、自然语言处理及文本分析等多种信息技术设计社交媒体的投资者情绪指数建立模型,并利用 Eclipse 开发平台、开源软件以及国内外机构对外公开的软件和可执行库等工具帮助其实现。

最后,本书采用多元回归、向量自回归、自回归条件异方差等方法和经典计量模型,实现对投资者情绪与证券市场之间关系的实证分析。

技术思路图中涉及社交媒体 UGC、投资者情绪和证券市场之间的内在关系,以及本书主要四项研究工作之间的逻辑关系,将集中在第 3 章第 3.1 节的研究框架中进行说明。

1.3 研究的主要内容

本书共分 8 章,各章内容具体安排如下:

第 1 章,导论。该章首先主要对本书的研究背景与研究意义进行说明,其次阐述本书的研究思路和方法,再次介绍研究的主要内容,最后指出本书的主要创新之处。

第 2 章,相关理论与文献综述。该章主要是对研究中可能涉及的金融学的基本理论和研究方法进行简要介绍,探讨社交媒体 UGC 对市场信息传播和证券市场可能带来的影响;针对本研究的主要内容,对投资者情绪的定义及度量进行相应分析,重点梳理现有的研究社交媒体 UGC 与证券市场之间关系的相关文献;同时,对非平稳时间序列的建模思想及后续章节使用的实证模型进行简单的介绍;最后,总结已有文献的不足之处并得出本书的研究方向。

第 3 章,社交媒体 UGC 与证券市场之间关系的研究框架与设计。该章对投资者情绪、社交媒体及证券市场之间的内在关系进行详细分析,并在此基础上设计出本书的研究框架,以及四项研究工作的具体目标和内容。

第 4 章,基于文本分析的投资者情绪指数建立模型。该章在简单介绍相关理论后,首先给出模型的整体架构;其次具体说明各个主要步骤的实现过程,包括信息采集、信息预处理、垃圾信息分类过滤、情感语料库及情感词典的建立、建立投资者情绪指数等;最后,对投资者情绪进行初步的有效性分析。

第 5 章、第 6 章和第 7 章为实证分析研究。这三章分别从三个方面分析社交媒体的投资者情绪与中国证券市场特征指标(收益率、交易量和波动性)之间的关系。其中:

第 5 章,新浪微博的投资者情绪对超短期市场波动性影响分析。该章从混合分布假说理论出发,借助投资者情绪,以上证综合指数为样本数据,运用

GARCH 模型分析社交媒体信息流、情绪对日内市场波动性的影响。

第 6 章,新浪微博的投资者情绪与证券市场短期关系研究。该章在行为金融学基础上,分析社交媒体中围绕财经新闻、突发事件和热点新闻等话题展开的讨论内容对投资者心理预期的影响,建立新浪微博的投资者情绪指数,通过 VAR 模型分析投资者情绪预测证券市场的能力,以及投资者情绪与证券市场的短期联动效应。

第 7 章,物流论坛的投资者情绪与行业板块短期互动及长期影响研究。该章提出从物流社交媒体获取基本面信息的思路,建立物流论坛的投资者情绪,以电子商务板块数据为样本数据,分析投资者情绪预测行业板块的能力,及投资者情绪与行业板块之间的短期互动及长期影响。

第 8 章,结论与展望。该章先对全书的主要结论和启示进行总结和归纳,提出可供市场各方参与者借鉴的投资或政策启示,最后就本书的不足之处提出对未来研究工作的展望。

1.4 本书创新之处

本书的研究特色及创新点体现在以下几个方面:

(1) 借助计算机科学领域的 Web 信息采集、自然语言处理和文本分析等信息技术,设计并实现了社交媒体的投资者情绪指数建立模型,利用投资者情绪指数对社交媒体 UGC 中蕴含的投资者对市场总体关注、心理预期及异质信念等主观情绪信息进行度量。

(2) 在混合分布假说基础上,在新浪微博中关于财经方面新闻的讨论内容基础上,建立了社交媒体的投资者情绪指数,并以此作为社交媒体信息流和情绪流的代理变量,运用 GARCH 模型分析了社交媒体信息流、情绪对超短期(日内)市场收益波动的影响。

(3) 不同社交媒体 UGC 讨论的话题有所不同,在新浪微博中有关财经方面新闻的讨论内容基础上,建立了新浪微博的投资者情绪指数,在 VAR 模型基础上考察了社交媒体投资者情绪与国内证券市场的短期联动关系。

(4) 提出通过物流社交媒体获取基本面信息的思路,从理论上分析其可行性;同时,在实证上,在物流社交媒体中有关物流及供应链等话题的讨论内容基础上,建立了物流论坛的投资者情绪指数,通过 VAR 模型研究社交媒体的投资者情绪与行业板块的短期互动及长期影响效应。

第 2 章 相关理论与文献综述

本章首先从金融学相关理论和概念出发,详细介绍有效市场假说理论、行为金融理论和市场信息与资产定价,并界定投资者情绪的定义和相关度量方法;其次,通过对社交媒体相关特征和分类的描述,理清社交媒体对证券市场的影响,并对借助各类社交媒体来拓展证券领域研究的相关文献进行分类总结;最后,根据现有研究的成果及不足确定本书的研究方向。

2.1 金融学理论概述

2.1.1 有效市场假说概述

传统金融理论又称现代金融理论,它是以理性人假设和有效市场假说为理论基础,研究在最优投资组合决策和资本市场均衡状态下各种证券价格是如何决定的理论体系。传统金融理论的产生以 1952 年 Markowize 提出的均值—方差模型和投资组合理论为标志,以 1964 年 Sharpe、Lintner、Mossin 的资本资产定价模型(capital asset pricing model,CAPM)[1],1970 年 Fama 的有效市场假说(efficient markets hypothesis,EMH)和 1976 年 Black、Scholes、Merton 的期权定价理论(option pricing theory,OPT)等一系列经典理论为核心框架。这些经典理论的基础是有效市场假说。

1970 年,Fama 对有效市场假说的有关研究做出了系统性的总结,并完成了研究有效市场较为完整的理论框架。他把证券价格能充分反映所有可得信息的市场定义为有效市场,同时将有效市场划分为弱式有效市场、半强式有效市场和强式有效市场三种水平。

(1) 弱式有效市场(weak form market efficiency)。股票价格充分反映了影响资产价格变动的所有历史信息,包括短期利率、资产的成交价、成交量、卖空金额等。在弱式有效市场中,技术分析已经失去预测未来股票价格走势的作用,但基本分析仍可以帮助投资者获得超额利润。

(2) 半强式有效市场(semi-strong form market efficiency)。股票价格充分反映了所有影响资产价格变动的历史信息以及有关上市公司经营状况、营运前景的公开披露信息。在半强式有效市场中,技术分析和基本分析都失去作用,内幕消息有可能帮助投资者获得超额利润。

(3) 强式有效市场(strong form market efficiency)。股票价格充分反映了所有关于公司营运的已公开或内部未公开信息,没有任何方法能帮助投资者获得超额利润。

在有效市场假说中,资产的实际市场价格充分反映了所有信息,此时资产的价格等于均衡定价模型所决定的基本价值,市场中理性交易者的大量套利行为是促使市场价格回归基本价值的力量。

Shleifer 在 2000 年对有效市场假说的三大理论假设进行了总结:

(1) 投资者是完全理性和同质的,市场是有效的。

(2) 如果出现非理性投资者,他们的随机交易行为会相互抵消,从而保证市场有效。

(3) 如果出现大量非理性投资者的交易行为引起价格偏差,市场中大量理性投资者的套利行为会纠正价格偏差,从而保证市场有效。

20 世纪 60 年代到 70 年代,有效市场假说在大量理论和实证检验方面都取得了巨大的成功,但上述三大理论假设同时也受到质疑和诟病。从 20 世纪 80 年代开始,有效市场假说在解释现实股票市场的异常现象时常常显得无能为力,较典型的异常现象有波动率之谜、股票价格长期偏离基础价值、长期收益反转、价格对非基本信息的反应、输者赢者效应及日历效应等。通过从其他角度去观察和研究金融市场,越来越多的研究者认识到,诸多认知偏差的存在使得现实中人们不可避免地受到心理感受等主观因素的影响,从而不是总能够理性地做出投资决策,进而会影响资产定价。从此,综合金融学、经济学、数学、心理学和社会学等多学科的行为金融学作为一门独立的学科发展迅速,以有限理性作为基本假设,通过分析投资者的心理特征来研究投资者的决策行为及其对资产定价的影响。

2.1.2 行为金融理论概述

虽然国内外已有很多学者在行为金融学领域开展相关研究,但至今学术界对于行为金融学尚无公认的严格定义。概括地讲,行为金融学是根据心理学和其他相关学科的研究成果分析投资者的心理特征,以此研究和解释投资者的投资决策行为及其对资产价格影响的学科。

行为金融学就有效市场假说的三大理论假设分别提出质疑。

首先,行为金融学认为,投资者是有限理性或非理性的行为人。受过度自信、后悔厌恶、心理账户和认知偏差等心理因素的影响,人们并不会按照效用最大化来进行决策。而且,在实际决策过程中,有限理性的投资者往往不能遵循贝叶斯法则来修正自己的决策偏误。

其次,投资者的非理性行为并不是全随机的。在现实市场中,投资者无法获得所有信息,也不可能对所有信息进行分析,更无法处理复杂的判断,所以,当面对复杂的问题时,投资者很可能会利用启发式认知方式来简化处理信息,包括代表性法则、可得性法则和锚定与调整法则。这些启发式认知方式虽然在很多情况下能帮助人们快速抓住问题的本质,但有时也无法避免严重的偏差。行为金融学的投资者群体行为分析侧重于分析因投资者之间行为的相互影响而导致市场整体表现出的行为方式偏差,从而考察市场价格波动的规律和内在机制。

最后,行为金融学认为,现实市场中信息不对称、缺乏完美替代品、卖空限制和噪声交易者风险等因素的存在,使得套利行为受到限制,所能发挥的作用非常有限。有限套利无法有效抵消噪声交易者的非理性行为,市场是"非有效市场"。

综上所述,行为金融学对传统金融理论原有的理性框架进行了深刻的反思,它从人们实际决策行为的有限理性角度出发,较为系统地对有效市场假说和预期效用理论提出挑战并较成功地解释了市场异象,揭示了心理主观因素在投资者决策行为中对资产价格的影响,为人们理解金融市场提供了一个新的视角。

2.1.3 市场信息与资产定价

Arrow 从基本面分析角度出发,认为信息是与证券相关的描述不确定性的信号(signal)[2]。Groth 站在技术面分析的角度,认为信息是经过定价机制处理后能够引起股票价格变化的资料[3]。刘梦月认为,市场信息是为制订投资方案提供的各种关于市场的消息、情报、数据等[4]。

证券市场信息是证券市场的核心[5]。一方面,除了必要的流动性交易需求外,所有的交易都应该是基于信息产生的;另一方面,信息与资产定价密不可分,投资者只有对信息进行处理后才能形成投资决策。

1) 市场信息的来源

在社交媒体出现以前,虽然投资者可以直接从政府部门、上市公司和第三方机构获取少量相关资料和信息,但是主要仍是通过电视、广播、期刊和报纸等传统媒体获取各个信息发布源对外发布的信息(图2.1)。

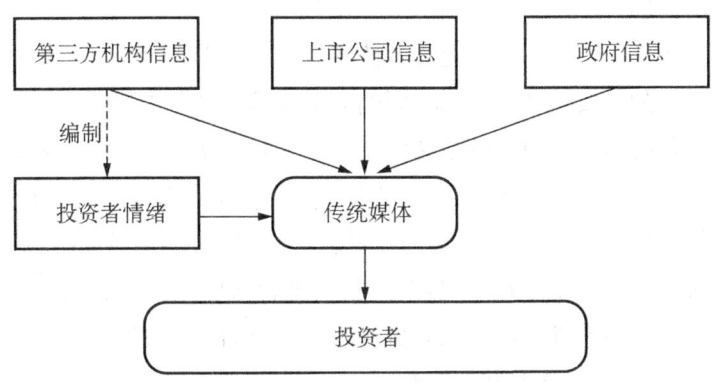

图 2.1　市场信息的传统传播方式

本书根据信息发布源不同,将信息大致分为以下四类:

(1) 政府信息。它是指证券交易所、证券登记结算公司、专门的证券监管部门以及包括央行、财政局和统计局等在内的国家机关所发布的可能使证券市场、行业或上市公司的股价发生巨大变化的信息,如货币供应、固定资产投资、股票交易规则变更、印花税的调整等政策行为。

(2) 上市公司信息。它是市场信息中最主要和最基本的组成部分,包括上市公司定期披露的各类财务报表,以及有关公司重大业务往来情况、重大人事变更和诉讼等临时信息。

目前,公司信息的及时性、真实性和完整性方面仍存在很大不足:一方面,外部投资者和上市公司内部人员在掌握上市公司信息的时间上存在明显的差距,"好消息提前,坏消息滞后"现象仍然普遍存在[6];另一方面,上市公司出于自身利益的驱使,公司财务造假,高管涉嫌内幕交易、违规担保等违规行为屡见不鲜。深圳证券交易所的统计数据显示,2010年至2013年4年间,由于信息披露受到处罚与处分的上市公司分别为54家(占4.62%)、47家(占3.33%)、48家(占3.12%)和60家(占3.80%);受处罚与处分的中介机构分别为1家、1家、2家和4家。由此可见,大部分上市公司仅仅满足于达到监管部门的强制性要求,自愿披露信息的积极性严重不足,外部投资者通过上市公司信息披露

(3) 第三方机构信息。它包括证券公司、基金公司、投资咨询机构、会计师事务所等第三方中介机构所提供的研究报告、投资建议等信息。

虽然第三方机构也会向投资者提供上市公司的研究报告和相关信息，但是经济目的、管理层压力和个人偏见等因素的存在影响着第三方机构信息的公正性、客观性和及时性[7,8]。

(4) 投资者情绪。本书将投资者情绪定义为投资者整体基于个体对各类市场信息认知的异质化和群体相互影响而形成的一种包含对市场未来的判断、预期和异质信念（意见分歧）的情绪信息。投资者情绪在市场参与者，尤其是个人投资者之间的感染和蔓延，极有可能影响投资者的决策行为。当投资者情绪具有较大社会性时，投资者的行为由于社会互动机制的存在会趋向一致。

由于投资者情绪是主观情绪，个人投资者很难收集并进行度量。目前，大多数投资者情绪指数都是由第三方机构收集、整理和公布的。

2) 市场信息对资产定价的影响

在宏观经济环境和产业发展环境下，上市公司的经营业绩和盈利能力反映着上市公司股票的获利能力和资产的增值保值能力，从而影响着上市公司股票的"内在价值"，进而影响个股价格的涨跌，最终影响股指的涨跌。这种现象在现代金融学中的解释是，每一个资产的投资参考是其"内在价值"，股票的"内在价值"等于它日后所获得的所有股息收入的贴现值。股票在 t 期的价格 P_t 表示为：

$$P_t = \frac{P_T}{(1+R)^T} + \sum_{t=1}^{T} \frac{D_t}{(1+R)^t} \quad (2.1)$$

其中，P_T 为 T 年年末的股票价格，D_t 为 t 年年末股息，R 是贴现率。当该投资为长期投资时，T 趋近于 ∞，式(2.1)中第一项趋近于零，式(2.1)可以改写为：

$$P_t = \sum_{t=1}^{T} \frac{D_t}{(1+R)^t} \quad (2.2)$$

可见，股票的价格主要取决于每期期末的股息红利 D_t 以及贴现率 R。贴现率 R 根据资本资产定价模型（CAPM）[23]由实际利率、超额回报率和风险系数所决定。股息红利和贴现率除了受宏观经济环境（如财政政策、货币政策、GDP、货币供应量、经济周期、通货膨胀和实际利率等）和行业因素影响外，最主要还受企业层面实体因素的影响，与企业成长性有关。这些实体因素包括企业的盈利能力、资本结构、营运杠杆和管理水平等。因此,上市公司的投资价值是以上市公司有关经营、分红、投资动向、公司治理和人事变动等基本面信息为重要依据的。

信息具有同质性,即在一个有效市场中,所有的投资者应该能够及时准确地获得所有信息。但是,现实生活中所有信息并不能及时并公平地传递给所有投资者。行为金融学认为,投资者的投资决策过程是心理上衡量风险和收益的过程,信息的非同质现象(信息的非对称现象)会受投资者投资决策过程(市场的认知过程、情绪过程和意志过程)的影响,但同时也会受以下三方面的影响:

(1) 认知有限性的影响。不少研究发现,人类大脑的认知处理能力存在局限性,面对大量信息时,人们的学习和决策过程都会受到不同程度的限制从而产生认知偏差[9,10]。此外,一些显著的、容易获知的事件和信息会更容易引起人们的关注[11]。面对金融市场中存在的海量信息,有限的认知势必对投资者的投资决策行为产生影响。

(2) 个体认知的影响。个体认知受文化、社会、价值观和情感等因素影响[26]。人们在信息获取、信息加工、信息输出和信息反馈四个阶段不可避免都会出现不同程度的认知偏差,而在任何一个阶段出现的偏差都会造成决策的偏差,如信息处理过程中投资者的反应过度现象[12]、信息输出过程中投资者的过度自信现象[13]和信息反馈过程中的损失厌恶现象[14,15]等。

(3) 群体社会心理的影响。群体中的个体容易受群体情感和行为的影响,而放弃自己的偏好和判断,忽略私有信息并采取与群体相似的行为。在金融投资活动中,信息的不确定性和获取成本使得投资者很难及时地获取准确有效的信息,在这种情况下,"跟庄""羊群效应"等从众行为[16,17]可以相对便捷地获得他人信息和借鉴他人的决策方法,从而会形成高相似度的个人投资行为。

2.2 投资者情绪定义与度量方法

2.2.1 投资者情绪的定义

投资者情绪(investor sentiment)又称投资者情感,属于金融学与心理学两门学科相互交叉的范畴。目前,学术界对其尚无公认的严格定义。国内外学者从不同角度对投资者情绪进行了界定。

国外学者 Peress 等[18]把噪声交易者拥有的错误信念称为"投资者情绪"。

Curmei-Semenescu[19]则认为,由投资者的非理性心理导致的股票价格与股票真实价值的偏差即是投资者情绪。Cheema和Man[20]认为,投资者情绪代表了市场各方参与者对证券市场的总体乐观或悲观的态度。而Zhou和Yang[21]则指出,投资者情绪是投资者的一种信念,这种信念是关于不能被已掌握的信息所反映的、对投资风险和未来现金流的一种观念。国内学者饶育蕾等[22]指出,投资者情绪是投资者对于未来带有系统性偏差的预期。张继海和刘雅玫[23]从心理学的角度出发,认为可以将投资者情绪理解为投资者出于心理因素或出于认知偏差而产生的对风险资产的未来收益分布的一种错误认识。郁晨[24]把投资者情绪定义为"投资者信念和偏好这两个方面对于传统理性理论的偏离(即理性预期与理性偏好)"。

首先,基于上述定义,考虑本书主要研究社交媒体的投资者情绪与证券市场特征指标(收益、波动率和成交量)之间的关系,因此,本书的投资者情绪先是基于投资者预期的。其次,认知心理学家Lazarus认为,情绪的判断过程分为两步:人们先判断这件事对自身的重要性,然后再判断它是好是坏。投资者情绪的判断也有相同的过程,投资者先寻找和关注重要性较高的市场信息,即关注属性,再依据重要性高低对资产未来现金流价值进行主观评估得到价值预期,它可能是悲观预期,也可能是乐观预期,张宁[25]把这种价值预期称为投资者情感倾向。再次,由于存在不确定性和投资者认知偏差,不同投资者对同一资产未来现金流价值往往存在不同的价值预期,即投资者之间存在异质信念,也称为异质期望或意见分歧。因此,投资者情绪除了包含投资者对资产未来的预期外,还应该包含投资者对资产的关注属性和异质信念两方面内容。最后,在市场集体环境中,个人投资者的情感状态会受到其他投资者投资互动过程的影响,因而投资者群体对同一种信息的主观判断总是表现出具有代表性的群体倾向性反应。

基于以上分析,本书把投资者情绪定义为:投资者整体基于个体对市场信息认知的异质化和群体相互影响而形成的一种情绪,这种情绪包含了对市场未来的关注、心理预期和异质信念(意见分歧)三个属性。

2.2.2 投资者情绪的度量方法

投资者情绪是一种主观信息,因此,我们很难将其合理量化。根据投资者情绪的获取方式和性质不同,国内外目前常用的投资者情绪指标有主观(显性)指标、客观(隐性)指标和代理指标三种。

2.2.2.1 主观(显性)指标

主观(显性)指标是指通过调查问卷形式直接获得的参与者对市场(总体走势)的乐观或悲观看法的指标。比较有代表性的主观指标包括：以分析师、专业人士为调查对象的投资者智能指数(Investors Intelligence，II)[26]、好淡指数[27]，以券商机构为调查对象的华鼎"多空"民意调查[28]和央视看盘机构 BSI 指数[26,29]，以及以个人投资者为调查对象的 AAII 指数(American Association of Individual Investors，AAII)[30]、央视看盘个人 BSI 指数[32]等。所调查的对象主要是机构投资者和证券分析师，而且受经费和时间限制，样本抽取范围也是有限的，因此，这类指标在及时获取数据、实时计算并反馈给投资者等方面很难满足人们需要，所获得的投资者情绪也不能全面反映整个投资者群体在投资决策过程中的真实情绪。

2.2.2.2 客观(隐性)指标

客观(隐性)指标是指使用一些间接影响投资者对市场(总体)预期和股价的金融数据或交易数据作为客观投资者情绪指标。常见的客观指标包括：来自整体市场表现数据的 ADL 腾落指数[31]、ARMS 指数[32]，来自交易情况数据的交易量[21]、换手率[33]，来自衍生品交易情况数据的认沽认购比例[34]，来自 IPO 情况数据的 IPO 发行量和首日收益[35]以及封闭式基金折价率[34]。由于我国购买股票衍生品和基金的投资者并不多，这类指标具有片面性，只能刻画做出投资决定并完成交易的投资者情绪。

2.2.2.3 代理指标

近年来，国外一些实证研究发现，环境(如日照变量、云量、气温、气压、降雨、降雪、湿度和噪声等)和人体生物钟[如周期性的情感失控(SAD)和月运周期状态等]等非经济变量的变化对投资者情绪具有重要影响，并通过影响投资者情绪来影响证券价格[36]。因此，环境、人体生物钟等影响投资者情绪的变量可作为投资者情绪的代理变量。An 等[37]采用 GARCH 模型对 2014—2015 年上海和深圳的证券交易市场主要股票指数与北京市空气质量之间的关系进行实证检验，发现北京市空气质量与股指变化之间具有稳定关系。Shahzad[38]对 2005—2017 年大中华区四个城市的证券市场主要指数的收益与证券市场所在地天气变量(季节、温度、风速、降雨和云量等)采用面板数据进行连续回归分析，得出与 An 等人相同的结论，日照效应在全球主要证券市场是普遍存在的，云量与收益之间存在稳定负相关关系。

另外，有些学者使用多种数据综合而成的复合指数作为投资者情绪的度量指标[24]。复合指数虽然能综合考虑各方面因素,但很难从理论上解释参与计算的众多代理变量。

2.3 社交媒体与市场信息

2.3.1 社交媒体相关概念

2.3.1.1 社交媒体的产生和发展

早在1979年,杜克大学的Tom Truscott和Jim Ellis开发了网络新闻组Usenet(此处"新闻"特指交流和信息);而在1998年10月,Ableson和Abelson创建社交网站Open Diary[39]的时候,社交媒体的时代便已经开始。自从有别于静态网站的"发帖—留言"交互式网站出现[40],"weblog"①就作为一个流行语开始使用,1年后"weblog"缩减为"blog",中文称"博客"。通过"博客",博主不仅可以发布自己原创的内容,还可以与他们的读者、其他博主构建起社交关系。互联网的高速发展促进了blog的流行,也造就了更多社交网站的出现(如MySpace成立于2003年8月,Facebook成立于2004年2月)。随后,三维电脑仿真游戏的涌现(如Second Life于2003年6月开始公开测试,World of Warcraft于2004年11月开始公开测试)也使得社交媒体有了更多成员[41]。随着网络技术的发展、互联网应用的拓展和使用人群的扩大,社交媒体的概念已经增添了很多新内容。如今,社交媒体是一系列建立在Web 2.0技术支持上、出于信息分享思想的互联网应用和平台的总称,人们通过这些互联网应用和平台可以创造和交换用户原创内容[39]。

Web 2.0[42]是社交媒体的技术动力。从2004年开始它就用于描述一种新兴的基于互联网的软件开发和应用方式,即一个平台上的内容及应用不再由少数的人或组织来创造和发布,而是由平台上的所有用户共同参与创造,以及协作发布和传播。

用户原创内容,从2005年开始广泛地用于描述各种公开的、由最终用户创建的多媒体内容。现在,UGC已经用来表示利用新技术为公众免费或低成本提供发布、传播和接收的新闻、消息和问题等内容。2007年,经济合作与发展组织(Organization for Economic Co-operation and Development,OECD)认

---

① 参见网址 http://www.rebeccablood.net/essays/weblog_history.html。

为,用户原创内容需要满足以下三个条件:允许所有或一部分用户通过网络自由访问、具有一定的创新性以及有非专业人士的参与。基于本书的主要研究内容,本书中所指的用户原创内容仍指各种多媒体内容。

2.3.1.2 社交媒体的特征和分类

1) 社交媒体的特征

作为新兴的社会化网络媒体,社交媒体除了具备传统媒体及一般互联网应用的基本特征外,还具备一些独有的特征,可归纳如下:

(1) 广泛性。根据 We are social 和 Hootsuite 2020 年的数据分析,全球社交媒体用户数量达到了 38 亿①。2019 年,在中国,年龄在 16~64 岁的互联网用户每日花费在社交媒体上的时间平均是 2 小时 12 分钟②。社交媒体成为中国民众的主要沟通渠道之一,人们越来越习惯于通过社交媒体结交朋友、了解信息、发表意见、娱乐和学习。此外,人们在社交媒体上讨论的话题涉及生活中的方方面面,涵盖广泛的主题。

(2) 交互性。交互性是社交媒体区别于传统媒体的最大特点。在传统媒体中,信息的"生产者"和"消费者"是分离的,少数的权威和专家人士负责信息的生产和传播,广大用户基本上只是单方面地接收信息。社交媒体的出现使得广大用户从传统媒体中信息"消费者"的角色转变成为信息"消费者"兼"生产者"的双重角色,使得组织、社区和个人之间的通信、交流方式产生了实质且普遍的改变[43]。社交媒体用户不仅可以随时对发布的内容进行更新、修改和删除,还可以与社区的其他用户以对话的方式进行多向沟通交流。社交媒体 UGC 构成的海量"公共资源池",也成为社交媒体区别于传统媒体的一大特色。

(3) 开放性。与传统媒体相比,社交媒体上内容的发表和获取更具开放性。社交媒体的内容并不是由政府、个别组织专门负责的,通常由社区中的每个用户直接创造、传播和分享。而且,操作简单的信息发布方式也保证了社交媒体的内容发布是向公众开放的。社交媒体的内容同时以免费或收取极少费用的方式向公众开放,保证用户可以很方便并且可以廉价地获取这些内容[44]。

---

① 详细数据参见网址 https://wearesocial.com/blog/2020/01/digital-2020-3-8-billion-people-use-social-media。

② 详细数据参见网址 https://wearesocial-cn.s3.cn-north-1.amazonaws.com.cn/digital2020-china.pdf。

(4) 实时性。社交媒体中信息生产者、信息传播者和信息消费者的分散性和扁平结构,以及技术的进步都使得社交媒体用户几乎可以实时地发布/接收信息[44]。尤其是移动设备的应用,使得用户更是可以"无缝"介入社交媒体。

(5) 不确定性。传统媒体的内容通常需要经过一些审核步骤后才能发表,消息的内容和来源通常真实可靠,而社交媒体上简单的发布信息机制往往使得信息内容的质量参差不齐[45]。此外,社交媒体用户的匿名性也在一定程度上为一些人从事传播谣言和虚假信息、利用网络进行欺诈等恶意行为提供了便利,使得社交媒体 UGC 具备了更多的不确定性。

(6) 社区性。社交媒体中,人们以摄影、政治话题或者电视剧等某个共同感兴趣的内容为话题,可以很快地形成一个团体或社区,并维持长时间的沟通与交流,从而形成犹如在现实世界的社交活动。

2) 社交媒体的分类

从不同的角度出发,学者们将社交媒体进行不同的分类。Rowlands 等根据研究人员应用社交媒体的目的不同,将社交媒体分为社交网络工具、博客工具、微博工具、协作写作工具、社会标签与书签工具、日程安排与会议工具,以及图片和视频分享工具[46]。

Kietzmann 等提出了包含七个功能块的蜂窝理论(honeycomb framework)[47]。他们认为,社交媒体的功能包括身份标识(identity)、对话(conversations)、共享(sharing)、在线及位置信息(presence)、互动关系(relationships)、名望/可信度(reputation)和社区(groups)。不同的社交媒体依据自身对这七个功能块的偏好和满足程度而形成不同的蜂窝区域,从而归属不同的类别。例如,LinkedIn 以提供身份标识为核心功能,而 Facebook 虽然也提供身份标识,但提供互动关系才是它的核心功能。

Kaplan 和 Haenlein[48]指出,可以使用社会性(social processes)和媒体性(media reasearch)两个特征对社交媒体进行分类。社会性指用户在媒体上有意识或无意识地自我展现(self-presentation)和自我表露(self-disclosure),从而在他人心里建立自己的形象;媒体性指媒体展现的社会面貌以及媒体的多样化。

当然,随着社交媒体的媒体性和社会性的改变,类别界限会变得越发模糊。大部分的社交媒体也在逐步拓展自身的沟通性,通过相互链接将多种媒体融合到一起。

2.3.2 社交媒体对市场信息的影响

2.3.2.1 社交媒体加速信息的传播和扩散

市场信息作用时滞分为披露时滞、传导时滞和反馈时滞三种。后两种时滞之和就是市场信息作用时滞。首先,社交媒体有助于降低市场信息作用时滞,信息中介的敏感度和反应速度决定了传导时滞的长度,社交媒体的全天候实时报道机制极度缩短了广大投资者接收信息的时间。其次,反馈时滞是指接收信息到进行交易操作的时间长度,细分为决策时滞和交易时滞。社交媒体巨大的用户群体和简便的信息发布方式,使得投资者可以在交流沟通中快速理解信息并形成自己的投资决策思路,从而大大缩短决策时滞。

在社交媒体出现之前,投资者通过传统媒体来获取政府部门、上市公司和第三方机构公布的信息和资料,社交媒体的出现使得政府部门、上市公司和第三方机构都可以直接向广大"听众"和"粉丝"直接发布信息和提供资料(图2.2),从而大大缩短了投资者获取信息的时间,也大幅度提高了信息在市场各方参与者之间传播和扩散的速度。

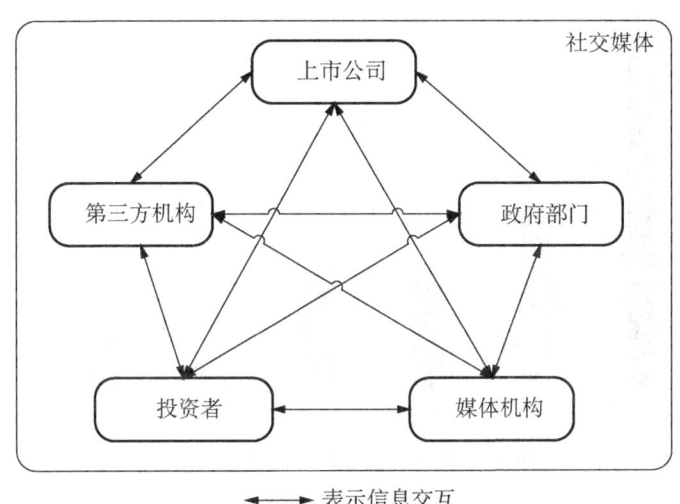

图 2.2 市场信息的社交媒体传播方式

2.3.2.2 社交媒体成为投资者获取信息的主要方式

投资者通过各种媒体来获取相关资讯[49]。大量的理论和实证研究均表明,媒体报道不仅在减轻资本市场的信息不对称、提高信息透明度方面发挥着积极作用,还为市场参与者提供有效信息,是投资者获得市场信息的主要渠道。

社交媒体如今作为新兴媒体,更是从多方面满足了网民接触新闻的需求。根据《2020年中国社交媒体用户使用行为研究报告》①,社交类应用的属性决定了很多热点话题必然先在社交类应用出现,23.7%和26.8%的网民总是或者经常从微博等网络社区获取新闻和评论等消息,17.3%和25.1%的网民总是或者经常从新浪、网易等门户网站获取新闻和评论等消息。因此,社交媒体自然地成为投资者获取市场信息的主要方式之一。

在国外,艾瑞咨询(iResearch)2013年的调查数据显示,在Google平台影响搜索结果排名的关键因素中,社会化网络占比最高,相关系数排名前8位中包含7个社交网络平台影响因素,而在2012年,社交媒体影响因素仅占5个,可见社交媒体影响程度日益增大。

在国内,如图2.3所示,除了使用新闻资讯网站和客户端外,网民从微信群、抖音、今日头条和微博获取新闻资讯的比例分别为77.25%、39.02%、24.61%和24.03%。网民获取新闻资讯的渠道已经由单一的新闻咨询类媒体转变为新闻资讯类网站与多种社交媒体并存。

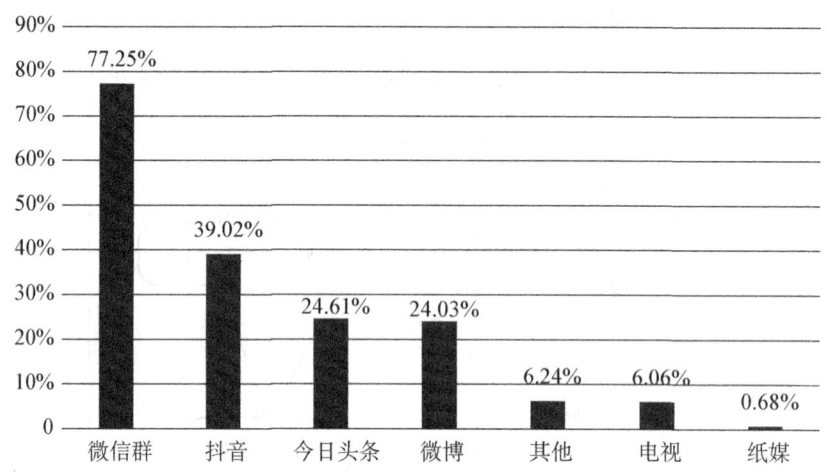

图2.3 网民网上获取新闻信息的渠道

注:数据来自《2019年中国网民新闻阅读习惯变化的量化研究》。

2.3.2.3 社交媒体对信息来源的拓展

社交媒体的传播是多维度的,越多的组织使用社交媒体,投资者可以直接

---

① 参见网址 https://www.pishu.com.cn/skwx_ps/databasedetail?SiteID=14&contentId=12660994&contentType=literature&type=&subLibID=。

或间接获得的信息就越多,需要花费的时间就越少。如图 2.4 所示,在上市公司所在供应链的其他参与者没有使用社交媒体之前,我们很难获取和了解上市公司的供应链状况,而一旦它们使用社交媒体,我们不但可以直接了解它的经营状况(图 2.4),而且可以通过分析供应链的其他参与者在社交媒体的讨论内容来了解上市公司的经营状况,或者是整个行业的现状,从而能对上市公司和行业的未来发展前景有正确的评价,以确保投资收益和减少风险。

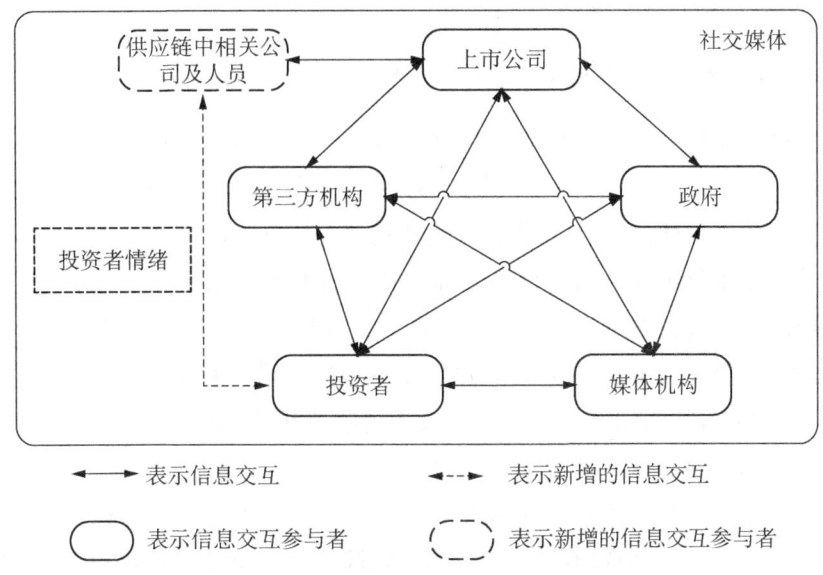

图 2.4 社交媒体对信息来源和渠道的影响

社交媒体中,通过财经证券相关话题聚集起来的大规模用户分布在证券市场各方参与者中,用户越积极参与互动和交流讨论,每个用户的态度、想法等主观情绪信息就越容易通过分析其讨论内容获得。因此,本书认为,社交媒体 UGC 蕴含了丰富的反映投资者主观情绪的信息,可以利用文本分析技术从社交媒体 UGC 中提炼投资者情绪指数。

2.4 社交媒体用户原创内容与证券市场的研究现状

很多学者已经开始关注社交媒体 UGC 与证券市场之间的关系研究。Teti 等[51]以美国科技行业为背景,探讨了社交媒体作为投资工具与股票市场之间的关系,运用 OLS 模型检验了 Twitter 和传统媒体对特定样本股票市场的预测能力,并验证了前者的优越性。Xu 等[51]比较了传统的投资者情绪指标(investor intelligence 和 daily sentiment index)和多个社交媒体(在线新闻、搜索引擎和微博)UGC 预测证券市场的能力,认为从社交媒体 UGC 提取出来的度量指标预测效果更好。这些研究结果均表明,与传统媒体、传统投资者情绪度量指标相比,社交媒体 UGC 蕴含着更多有助于预测证券市场表现的信息。

以下分别对几种主要社交媒体中的 UGC 与证券市场之间关系的相关研究文献进行系统的梳理。

2.4.1 网络新闻网站的相关研究

Web 2.0 技术的快速发展,促使媒体机构学会破坏性创新,基于 IOS、安卓、Windows Phone 等移动客户端,通过内容聚合,结构化阅读,语义网目录,音、视、文等全媒体形态,传统媒体已经成功地向新媒体转型。

当前学术界主要对网络财经新闻报道内容对证券市场特征指标(股票收益、成交量等)的影响进行研究。Nti 等[52]使用人工神经网络对多个网络新闻网站的新闻报道与股票价格进行分析,发现新闻报道的数量、内容与股票收益相关。Sadik 等[53]量化金融新闻中的文本情绪及其对资产价格变动的影响,再以资产时间序列数据为信息来源,采用广义自回归条件异方差(GARCH)模型预测资产价格收益率的波动性,结果证明了新闻情绪作为波动性预测工具的有效性。Mangee[54]对华尔街日报和彭博新闻社的股票市场报告进行分析,发现投资者悲观情绪与实际股票收益之间存在负相关关系,以及基于情境化信息的投资者情绪能够解释股票总价的中长期波动。随后,Hsu 等[55]研究发现,新闻报道中的负面词语预示着上市公司未来的低盈余,当新闻报道的内容涉及基本面状况时,负面词语对低盈余的预测效果最好。Sakphoowadon 等[56]收集泰国的金融新闻和股市收盘价,生成相应的概率词典,提出了一种基于概率词典的股市预测算法。Hisano 等[57]利用 Thompson Reuters 报道的美国股市及 206 只个股的新闻内容,研究 S&P 股指、个股与新闻报道之间的关系,发现使用简单的主题模型就可以提取出对股票市场有影响的重要信息。裘江南等[58]以 2015 年下半年中国股市经历的股市危机为背景,通过分层采样的方式选取沪深 300 指数成分股中的 60 只股票作为样本,爬取样本企业的相关新浪微博文本并提取各类细分情绪,对该特殊时期社交媒体中不同细分情绪对股票市场的影响进行评估;采用 Fama 和 French 的三因素模型和 Carhart 的四因素模型进行实证分析后发现,中国股市存在"媒体效应",媒体注意力与股票收益、超额收益均相关。

此外,有些学者通过新闻网站研究证券市场的现象和投资者行为。Hill 和 Ready-Campbell[59] 提出了一种构建投资组合策略的专家选股方案,通过使用 Motley Fool 财经新闻报刊公司旗下 CAPS 网站的公众投票信息,采用具有最高准确率的荐股用户选出来的股票构建投资组合策略,所得的投资组合收益能跑赢 S&P 500 指数。因此,他们认为,自动识别网站中的民间投资专家要比让全体用户以投票方式选出来的要准确。Avery 等[60] 进一步对 CAPS 网站的预测能力进行分析后发现,CAPS 参与者倾向于推荐高风险、高收益并且在过往一年表现良好的股票,所获得的收益通常是长期投资的超额收益,而不是几小时或几天的短期投资收益。他们认为,CAPS 参与者手中掌握着没有完全融入股票价格的私有信息。

虽然也有一些观点认为新闻网站与证券市场无关[61],但大部分的理论和实证文献都认为"网络财经新闻报道通过影响市场中各方参与者从而影响市场行为"。

2.4.2 股票论坛的相关研究

论坛是人们进行在线交流的讨论平台,可以说是最早出现的社交媒体,丰富的内容形式、按兴趣聚合话题和群体的特点使其时至今日仍是社交媒体的重要组成部分。

Jones[62] 发现,标普 100 指数的成分股在 Yahoo! Finance 论坛建立相应讨论之后,虽然股票的交易量显著增加,但股票收益率也显著下降,同时风险也加大了。Felton 和 Kim[63] 列举了在安然公司破产前 5 年在 Yahoo! Finance 论坛发布的 129 个提醒投资者注意安然公司财务状况的匿名帖子。Lerman[64] 对 Yahoo! Finance 论坛中 1 852 家上市公司的帖子分别进行研究后发现,在财务报告公布前后,论坛中针对财务相关问题展开的讨论会增加,表明投资者通过沟通来减少信息不对称。Zhang 和 Swanson[65] 对 Yahoo! Finance 论坛中 45 家上市公司的帖子进行文本分析,发现日交易者的态度并不中立,大多对市场或个股持"持有"的正面态度。Schumaker 等[66] 发现,将 Yahoo! Finance 论坛内容加入预测模型,可以提高预测收益率的准确率从而获得一定收益。而且,主观文本的预测准确率高于客观文本,包含悲观情绪的文本的预测准确率要高于包含乐观情绪的文本。

由此可见,股票论坛的存在确实有利于市场信息的传播、投资者获取信息渠道的扩充,以及减少信息不对称。目前的相关研究大多以股票论坛为研究对象,考察论坛帖子的数量特征和情绪特征与证券市场特征指标之间的关系。

2.4.2.1 有关股票论坛 UGC 的数量特征的相关研究

最早在此领域展开相关研究的是 Wysocki[67],他认为,投资者参与论坛的话题讨论其实就是在进行信息发布、信息接收和信息处理等活动。Wysocki 发现,当股票具有高市值、高市盈率、机构持股比例比较小并受较多分析师跟踪时,论坛对该股票相关的发帖量会增加;相反,论坛的隔夜发帖量影响着次日股票的收益率和交易量。

Koski 等[61]使用 Yahoo 和 Raging Bull 论坛的日发帖量作为噪音交易者日间交易的代理变量,实证结果表明,NASDAQ 股票的日内波动率和论坛日发帖量在 1999 年三季度内互为 Granger 因果。随后,Koski 等[68]再次分析在 1999 年三季度和 2002 年三季度两个时间段中,论坛日发帖量与日内波动率之间的相互关系。结果表明,两者的 Granger 因果关系在 2002 年三季度中依然存在。Sabherwal 等[69]通过分析 TheLion.com 论坛的发帖量与小盘股收益的关系后发现,论坛日发帖量与股票异常收益率正向相关,论坛日发帖量可以预测当天的日内异常收益和次日的异常收益。

值得注意的是,一些学者提出了不同意见。Tumarkin 和 Whitelaw[70]以 RagingBull 论坛为研究对象检验股票论坛帖子与证券市场之间的关系,他们发现,虽然异常发帖量与异常收益、异常成交量之间具有正相关关系,但异常发帖量不具备预测异常收益、异常交易量的能力。

国内学者董大勇和肖作平[71]以新浪股吧为研究对象分析国内股票论坛的异常发帖量与上证综指收益率的关系。他们的研究结果表明,我国证券市场与股票论坛之间存在双向信息传递关系,股票论坛已经成为投资者收集、交流和分析信息的主要场所之一。施荣盛[72]、施荣盛和陈工孟[73]均使用东方财富网"股吧"的超额发帖量作为投资者关注的代理变量,他们的实证结果均显示,在国内证券市场上,投资者关注正向影响交易量、负向影响投资收益。

2.4.2.2 有关股票论坛 UGC 的情绪特征的相关研究

利用文本分析技术对股票论坛帖子进行分析并抽取其中的情感倾向信息,大多数学者的研究表明,股票论坛包含的情绪信息与证券市场活动具有紧密关系。

Cook 和 Lu[74]从 Yahoo! Finance 论坛中抽取出看涨指数,Das 等[75]则从中抽取出情绪指数并计算意见分歧度,他们两组的研究成果表明,论坛帖子表达的情绪信息与收益率存在相关性,可以提高收益率的预测能力。Antweiler 和 Frank[76]分析两个股票论坛超过 150 万条帖子对道琼斯工业平均指数和道琼斯互联网指数的 45 家上市公司股票的影响,在排除华尔街日报新闻报道的影响后,股票论坛有助于预测波动率,但对收益率的影响仅在统计意义下显著而实际经济价值不大,交易成交量与股票论坛的发帖量、意见分歧度均有关。Das 和 Chen[77]使用新的情感分析方法对股票论坛帖子包含的投资者情绪进行量化后发现,其与市场、行业指数之间的关系要比与个股股价之间的关系更显著。

也有一些学者提出不同的看法,Sabherwal 等[78]利用文本分类器从 TheLion.com 论坛帖子中抽取出投资者股票买卖倾向指标后发现,论坛的用户情绪信息可以预测证券市场指数的走势和交易量变化,但发帖量并不具备相似的预测能力。Tumarkin[79]发现,虽然论坛发帖量、情绪倾向与收益率有相关性,但是并不能帮助预测收益率。

本书认为,股票论坛的内容并不单纯是"噪声",它与证券市场之间存在着某种联系,两者是相互影响的。

2.4.2.3 证券市场其他相关研究

除了上述研究外,一些学者利用股票论坛对证券市场的"异象"和特殊事件等进行了研究。Clarkson[80]和 Bettman 等[81]分别分析论坛并购帖子对证券市场带来的影响,并购信息与日内异常收益、异常成交量的紧密关系在这两篇文献中都得到证实。Delort 等[82]对 HotCopper 论坛帖子分类后分析其数量与个股的关系,发现通过股票论坛发帖来操纵上市公司个股股价的现象确实存在。Campbell[83]对澳大利亚股票论坛中 126 个用户在 48 天内发布的 600 多条信息进行研究,得出与 Delort 等[82]相似的结论,即在线财经论坛可能成为一些机构或公司操作股价的工具。林振兴[84]发现,论坛发帖量和 IPO 抑价、首日交易量存在显著正相关,而采用人工判断的方法整理的基于 IPO 的投资者乐观/悲观情绪指标与中国证券市场的 IPO 溢价和首日交易量之间并不存在显著相关性。董大勇和肖作平[85]选用两个省 109 家上市公司为研究对象分析东方财富网"股吧"中省份发帖比例与证券市场之间的相互关系后发现,股票论坛确实存在"家乡偏误"现象。

2.4.3 博客、微博 UGC 的相关研究

与研究股票论坛 UGC 与证券市场之间的关系所采用的研究方法类似,目

前对博客、微博 UGC 与证券市场之间关系的研究也是从数量特征（如发帖量、回帖量、"粉丝"数等）和质量特征（如情感词、情感倾向和意见分歧等）两方面展开研究。

2.4.3.1 有关数量特征的相关研究

Choudhury 等[86]将博客群的多个属性（如帖子数量、推荐程度和作者信息、评论的数量、长度和时间等）抽取出来放入他们设计的预测系统，使得预测系统在预测股指、个股股价的每周涨跌方向、涨跌幅度的准确率分别达到87%和78%。Mao 等[87]对 Twitter 上每日涉及股票的帖子与美国股市之间的关系从市场、行业和个股三个层次进行分析，发现相关帖子的数量与三个层次的股指或股票价格都具有相关性，尤其是证券市场层面，加入 Twitter 数据可以提高预测 S&P500 指数涨跌的准确率。Giller[88]使用最大似然估计法分析 Twitter 用户的"粉丝"数与股票市场涨跌方向的关系，发现两者之间存在正相关关系，"粉丝"数的增加会增加预测系统预测股票涨跌方向的概率。

Ruiz 等[89]以供应链管理和社交媒体研究为基础，分析了 5 年间 150 家公司 213 个供应链故障的数据，以及上市公司超过 20 亿条 Twitter，探讨了 Twitter 对供应链故障的反应，以及这种反应如何调节供应链故障与股市回报之间的关系，发现利用 Twitter 的数量和情绪使得供应链故障后 Twitter 上反应显著且推文量增加，推文变得更加负面，证明了股市开放前的 Twitter 活动优先于股市开放后的回报。

2.4.3.2 有关情绪特征的相关研究

Metawa 等[12]使用文本情感分类方法从超过 2 000 万帖子中抽取出用户表达的焦虑、担忧和恐惧等情绪信息并构成焦虑指数，发现焦虑指数的上升可以预测 S&P500 指数的下跌。他们认为，人们在大型在线社区即使讨论的话题只是日常生活，也可能对一些看似无关的系统和事件产生影响。Fernandez 等[90]认为帖子的回帖数量与话题的重要性、受关注程度相关，对 5 个月内 Twitter 中关于美元、黄金、原油、工作、经济等 6 个公开话题里带有情感倾向的回帖进行分析，发现每个话题带有情绪信息的回帖量与相应的经济指数之间都具有相关性，甚至能预测经济指数的走势。

Bollen 等[91]从 Twitter 中提取出 6 种情绪（Calm，Alert，Sure，Vital，Kind 和 Happy），发现政治、经济甚至日常生活中发生的事件都会影响公众情绪，采用情感分析技术对 UGC 进行分析建模可以预测社会以及经济的发展趋势。Bollen 等[92]发现，纳斯达克指数与 Twitter 前三四天的情感指数相关，其中与 Calm 情绪的关系最强,预测 DJIA 指数每日涨跌方向的准确率达到 86.7%并且平均误差不超过 6%。Al-Omair[93]比较了亚马逊、谷歌和微软提供的基于云的情感识别服务,并测量了这些服务的检测精度。

Saeedian 等[94]发现 Twitter 中蕴含的用户悲观情绪会导致股价在短期内下跌,用户悲观情绪和证券市场指数呈负向相关。Yan 等[95]对新浪和大众点评两个平台上的评论进行了情绪分析,结果表明存在一种明显的情感极性。

Sprenger 和 Welpe[96]通过事件分析发现,好消息公布前的累计收益的绝对值要比坏消息的显著,显然,好消息在公布前可能已经有所泄漏了。此外,他们还发现市场对不同消息(公司治理信息、公司经营状态信息、法规信息等)的反应程度不同。

Yefeng 等[97]以及 Amna 等[98]是少有的同时从微博 UGC 的数量特征和情绪特征两方面研究其对证券市场影响的文献作者。Yefeng 等[97]用 Twitter 收集了非常受欢迎的微博论坛股票相关数据(tweets),以了解标准普尔 500 指数 8 家公司的 Twitter 情绪价格与异常股票收益之间的相关性,并开发了一个信任管理框架,为 Twitter 用户构建用户对用户的信任网络。结果表明,通过使用基于信任网络的权力方法对推特进行权重分析,Twitter 情绪价格反映的股票收益率权重高于对所有作者同等重要的评价或按关注者数量权重。Amna 等[98]认为,投资者在做短期投资决策时,需要重视大众投资者在微博中的活动。他们通过对 DJIA,NASDAQ100 两个股指以及 11 个大盘科技股与 Twitter 帖子的特征指数进行分析后发现,Twitter 的讨论活动在很大程度上会影响股指和个股股价的波动,通过监测公众对市场事件的情绪变动对于保持组合投资在合理风险范围内是有效的。

国内目前针对微博 UGC 与证券市场之间关系的研究比较缺乏。何贤杰等[99]通过手工搜集并逐条阅读上市公司在新浪微博上发布的信息,从股价同步性的视角对上市公司披露的微博信息内容的经济后果进行了考察。研究结果显示,微博信息中经营活动及策略类信息占比越高的公司的股价同步性越低,并且这个结果在考虑内生性影响后依旧存在。

2.4.4 其他社交媒体的相关研究

除了论坛、博客和微博外,一些学者也研究了其他以文本内容为主体的社交媒体的 UGC 与证券市场之间的关系。其中,石善冲等[100]以基于微信文本挖掘的投资者情绪与上证指数收盘价、成交量为研究对象,研究了投资者情绪时间序列与收盘价、成交量时间序列之间的关系,发现投资者三种情绪倾向对股票市场的影响方式和效果不同:基于微信文本挖掘的投资者消极情绪倾向比例能够稳定预测上证指数收盘价,基于微信文本挖掘的投资者积极情绪倾向和中性情绪倾向比例的增减变动能够迅速引发滞后1天的上证指数成交量的增减变动。Mizrach和Weerts[101]对676名投资者4年内在网络聊天室的讨论活动以及近9 000次交易行为进行分析,发现超过一半的投资者都能获得盈利,他们的交易活动很大程度上受到聊天室内其他投资者的影响。此外,这些投资者的投资技巧随着时间的推移在不断地提高。

Khuram等[102]对一些个人投资者在连续66天中超过100万条日内投资交易记录以及他们通过互联网进行沟通交流的200万条即时信息展开分析。他们发现,投资者在面对风险时,同步交易程度越多,日内亏损的可能性越小,使用即时通信工具的模式与同步交易行为紧密相关。

2.5 基本实证模型

社交媒体在证券市场的各种应用,都有可能使用统计方法来分析社交媒体UGC与证券市场特征指标之间的相关性、因果关系以及寻找适合的预测模型。本书后续章节的实证分析工作借鉴了博克斯-詹金斯法(B-J法或ARMA法)建模思想,寻找社交媒体UGC与证券市场之间的关系和适合的预测模型。

2.5.1 博克斯-詹金斯法建模思想

博克斯-詹金斯法建模思想是一种影响广泛的、针对非平稳时间序列的建模思想,适用于各种类型的时间序列。它主要包括以下三个步骤:

(1) 平稳性检验。博克斯-詹金斯法的前提条件是:时间序列是一组平稳的随机序列,即序列的统计特性不随时间的推移而变化。如果时间序列是非平稳时间序列,我们可以进行差分平稳处理或其他平稳处理,使其满足平稳性条件。在一般情况下,非平稳序列在经过一阶差分或二阶差分后都可以变换为平稳时间序列。但是,差分处理也会使样本序列损失一些信息。

(2) 模型识别和参数估计。我们可以计算和分析时间序列的一些统计量,如自相关系数、偏相关系数等,对模型的参数进行初步估计。

(3) 模型检验。该步骤包括估计模型的未知参数、检验参数的显著性和判定模型的合理性。通过诊断分析检查实际观察到的数据是否与模型特征相符,若模型不合理,则返回第(2)步骤,重新确定模型。通过重复"选模型—检验"过程以确保最终所选用模型的预测误差达到最小。

2.5.2 主要数学模型和计量方法

以下是本书主要使用的数学模型和计量方法[103]。

2.5.2.1 平稳性检验方法

单位根检验是检查数据序列平稳性的标准方法。常用的单位根检验方法包括:Dickey Fuller(DF)检验;Augmented Dickey Fuller (ADF)检验;Phillips-Perron(PP)检验;Kwiatkowski, Phillips, Schmidt, and Shin(KPSS)检验;Elliot,Rothenberg,and Stock Point Optimal(ERS)检验和 Ng and Perron (NP)检验 6 种方法。由于 PP 检验不需要指定最优的滞后阶数,而且检验结果在序列相关性和异方差性存在时仍具有稳定性,本书将使用 PP 检验进行时间序列稳定性检验。PP 检验的基本检验公式如下:

$$\Delta y_t = \beta D_1 + \phi y_{t-1} + \varepsilon_t \tag{2.3}$$

其中,y_t 表示待检验的时间序列,D_t 是已知向量(常量或趋势项),误差项 ε_t 是平稳序列,可能具有异方差性。原假设是 y_t 存在一个单位根,如果 ϕ 显著小于 0,则原假设被拒绝,即 y_t 是平稳的时间序列。

2.5.2.2 向量自回归模型

向量自回归(VAR)模型自 Sims[104]于 1980 年首次应用于构造经济学模型后,被广泛应用于预测具有相互关系的时间序列系统以及分析随机扰动项对动态系统的冲击。Sims 认为,研究变量之间的动态关系比单独考察变量系数更有意义,在 VAR 模型基础上,通过脉冲响应函数和方差分解等方法可以观察系统内各个变量之间的结构关系。

VAR 模型把需要分析的变量纳入一个系统进行分析,待分析变量均设定为内生变量,模型的每个方程中,每一个内生变量利用自身的滞后变量以及系统内其他内生变量的滞后变量进行回归。p 阶 VAR 模型可以表示为:

$$y_t = c_0 + A_1 y_{t-1} + A_2 y_{t-2} + \cdots + A_p y_{t-p} + \varepsilon_t \tag{2.4}$$

其中,y_t 是内生变量向量,$y_{t-\mu}(\mu=1, 2, \cdots, p)$ 是内生变量 y_t 的 μ 期滞后向量,$A_v(v=1, 2, \cdots, p)$ 是内生变量滞后项的系数矩阵,c_0 是常量向量,白噪声向量 ε_t 的协方差矩阵为单位矩阵,p 是滞后阶数,t 为时间($t=1, 2, \cdots, T$,T 是时间长度)。

1) 确定滞后阶数

在 VAR 模型构建过程中,选择滞后阶数 p 是模型设定的第一步。一般而言,高估滞后阶数会使 VAR 模型自由度下降从而降低参数估计的精确度;而低估滞后阶数会低估动态系统冲击的真实动态性,丢失很多特征信息,还可能导致关于动态系统冲击的错误统计推断[105]。

常用的估计滞后阶数的方法有 Likelihood Ratio(LR)检验、Final Predition Error Criterion(FPE)准则、Akaike Information Criterion(AIC)准则、Schwarz Criterion(SC)准则和 Hannan-Quinn Criterion(HQ)准则五种。

本书主要使用 AIC 准则和 SC 准则来确定 VAR 模型的滞后阶数。AIC 准则的公式为:

$$AIC = \log\left(\frac{\sum_{t=1}^{T}\hat{\mu}_t^2}{T}\right) + \frac{2p}{T} \tag{2.5}$$

其中,$\hat{\mu}_t$ 表示残差,T 表示样本容量,p 表示滞后期。在增加 p 的过程时使得 AIC 最小的 p 值为最大滞后期。

SC 准则的公式为:

$$SC = \log\left(\frac{\sum_{t=1}^{t}\hat{\mu}_t^2}{T}\right) + \frac{2p\log T}{T} \tag{2.6}$$

其中,$\hat{\mu}_t$ 表示残差,T 表示样本容量,p 表示滞后期。在增加 p 的过程时使得 SC 最小的 p 值为最大滞后期。

2) 脉冲响应函数和方差分解

VAR 模型的优点在于可以通过将变量之间的动态性特征纳入考虑范围来提高预测精度,然而,VAR 模型无法直接观测到系统内变量之间的关系,通常是通过观察脉冲响应函数和方差分解来对 VAR 模型内变量之间的关系进行分析。

脉冲响应函数通过分析系统内变量对其他内生变量带来的冲击的响应,研究系统内变量之间的动态影响和时滞关系。一般地,当式(2.6)可逆时,VAR 模型可以表示为向量移动平均模型[Vector MA(∞) models]:

$$Y_t = \mu + e_t + \Phi_1 e_{t-1} + \Phi_2 e_{t-2} + \cdots \tag{2.7}$$

其中，$\phi_1 = \frac{\partial y_{i,t+s}}{\partial \varepsilon_{j,t}}$ 是系数矩阵 Φ_s 中第 i 行、第 j 列元素，它表示在保持其他变量在所有期间不变的情况下，y_i 对由 y_j 在 t 期产生的单位冲击的 $t+s$ 期反应，即 VAR 系统中 y_i 对 y_j 的 s 期脉冲响应。

通过分析 $t+s$ 期的 $y_{i,t+s}$ 的预测误差的方差由不同变量的冲击影响的比例，方差分解可以衡量各个脉冲响应对系统中每个内生变量的相对重要程度。第 i 个变量基于脉冲响应的方差对 y_i 的方差的相对贡献率（RVC，$RVC \in [0,1]$）越大，意味着第 j 个变量对第 i 个变量的影响越大，相反，RVC 越小，则第 j 个变量对第 i 个变量的影响小。

2.5.2.3 Granger 因果检验

Granger 在 1969 年提出的 Granger 因果检验解决了经济学上如何判断一个变量的变化是否是另一个变量变化的原因的问题[106]。检验一个变量 Y 的滞后值是否有助于解释另外一个变量 X，若解释程度有所提高，则认为 X 的变化是引起 Y 变化的一个原因，称为 X Granger 引起 Y；反之亦然。

VAR 模型提供了 Granger 因果检验方法检验系统内某一个变量预测其他变量的能力。使用二元 VAR 模型举例，VAR（p）模型可改写为：

$$\begin{pmatrix} Y1_t \\ Y2_t \end{pmatrix} = \begin{pmatrix} C1_t \\ C2_t \end{pmatrix} + \begin{pmatrix} \tau_{11}^1 & \tau_{12}^1 \\ \tau_{21}^1 & \tau_{22}^1 \end{pmatrix} \begin{pmatrix} Y1_{t-1} \\ Y2_{t-1} \end{pmatrix} + \cdots + \begin{pmatrix} \tau_{11}^p & \tau_{12}^p \\ \tau_{21}^p & \tau_{22}^p \end{pmatrix} \begin{pmatrix} Y1_{t-p} \\ Y2_{t-p} \end{pmatrix} + \begin{pmatrix} \varepsilon 1_t \\ \varepsilon 2_t \end{pmatrix}$$

(2.8)

其中，p 是最大滞后阶数，变量 $Y1_t$ 和 $Y2_t$ 之间存在四种 Granger 因果关系：

（1）双向 Granger 因果关系，即：

$$H_0 = \begin{pmatrix} \tau_{11}^i & \tau_{12}^i \\ \tau_{21}^i & \tau_{22}^i \end{pmatrix}, \quad \tau_{12}^i \neq 0, \ \tau_{21}^i \neq 0, \ i=1, 2, \cdots, p \quad (2.9)$$

（2）$Y1_t$ 和 $Y2_t$ 相互独立，即：

$$H_1 = \begin{pmatrix} \tau_{11}^i & 0 \\ 0 & \tau_{22}^i \end{pmatrix}, \quad \tau_{12}^i = 0, \ \tau_{21}^i = 0, \ i=1, 2, \cdots, p \quad (2.10)$$

（3）$Y1_t$ Granger 引起 $Y2_t$，即：

$$H_2 = \begin{pmatrix} \tau_{11}^i & \tau_{12}^i \\ 0 & \tau_{22}^i \end{pmatrix}, \quad \tau_{22}^i \neq 0, \ \tau_{21}^i = 0, \ i=1, 2, \cdots, p \quad (2.11)$$

(4) $Y2_t$ Granger 引起 $Y1_t$，即：

$$H_3 = \begin{pmatrix} \tau_{11}^i & 0 \\ \tau_{21}^i & \tau_{22}^i \end{pmatrix}, \tau_{12}^i = 0, \tau_{21}^i \neq 0, i = 1, 2, \cdots, p \tag{2.12}$$

2.5.2.4 自回归条件异方差模型族

金融资产的波动性是分析资产定价、金融问题防范的基础。人们通过不同方法从不同角度观察金融市场的波动性后发现，一些金融时间序列具备如下特征：

(1) 高峰厚尾性：时间序列波动剧烈，出现极端事件的概率不符合正态分布假设。

(2) 长记忆性：时间序列的绝对值或幂具有显著的自相关性，历史事件会长期影响着未来。

(3) 波动聚集性：数据序列的较大的波动后跟随着较大的波动，较小的波动则跟随着较小的波动。

(4) 杠杠效应：正面和负面的消息对时间序列的波动产生的影响不同。

Engle[107]引入自回归条件异方差(autoregressive conditional heteroscedasticity model, ARCH)模型来刻画时间序列的方差变化特点，ARCH模型以及后来Engle和Bollerslev[108]推广的GARCH模型被广泛应用于经济学的各个领域，成为研究实证金融学和金融计量学的主要工具之一。

ARCH模型的基本思想是：将以前信息集 I_{t-1} 作为条件，t 时刻有：

$$Y_t = \mu + \varepsilon_t \tag{2.13}$$

ε_t 服从一个正态分布，该正态分布的均值为0，方差随时间变化，并可以表示为过去 q 期扰动项平方的线性组合，即：

$$\varepsilon_t = e_t \sqrt{\sigma_t^2}, \ e_t \sim i.i.d(0,1) \tag{2.14}$$

$$\sigma_t^2 = \alpha_0 + \sum_{i=1}^{q} \alpha_i \varepsilon_{t-i}^2 \tag{2.15}$$

其中，$\alpha_0 \geq 0$，$\alpha_i > 0 (i = 0, 1, \cdots, q)$。

广义自回归条件异方差(GARCH)模型把 t 时刻之前的条件方差作为自变量引入条件方差函数，是ARCH模型的一般化形式。因此，GARCH(p, q)模型表示如下：

$$Y_t = \mu + \varepsilon_t \tag{2.16}$$

$$\varepsilon_t = \epsilon_t \sqrt{\sigma_t^2}, \varepsilon_t \sim i.i.d(0,1) \tag{2.17}$$

$$\sigma_t^2 = \alpha_0 + \sum_{i=1}^{q} \alpha_i \varepsilon_{t-i}^2 + \sum_{j=1}^{p} \beta_j \sigma_{t-j}^2 \tag{2.18}$$

其中，$\alpha_0 \geqslant 0, \forall i,j: \alpha_i \geqslant 0, \beta_j \geqslant 0, \sum_{i=1}^{p} \alpha_i + \sum_{j=1}^{q} \beta_j < 1$。

可见，与 ARCH 模型相比，GARCH 模型具有更好的概括能力，但是它在描述金融事件序列的尾部特征以及杠杆效应方面仍有不足之处。

2.6 已有文献的不足与研究启示

本章探讨了社交媒体对市场信息传播和证券市场可能带来的影响，对投资者情绪定义、现有度量方法进行了分析，重点梳理了现有的借助投资者情绪来研究社交媒体的内容与证券市场之间关系的相关文献。已有的研究工作对本书的研究命题和实证设计有如下启示：

（1）社交媒体作为如今投资者获取信息最主要、最及时、最经济的信息来源，正在逐步被运用到投资活动的每个环节。但该如何利用社交媒体上日益膨胀的信息资源，将海量文本内容中蕴含的丰富的投资者判断、情感色彩与倾向变化等主观情绪信息抽取出来，是目前学术界和企业界所面临的首要问题。对于本研究而言，要对社交媒体中讨论内容与证券市场之间的关系进行研究，必须先将社交媒体中的海量文本内容进行提炼。因此，本书拟借助于投资者情绪的概念，通过投资者情绪的关注度、情感倾向和意见分歧三个度量指标，利用多种信息技术从社交媒体的文本内容中提炼出投资者情绪指数，实现社交媒体中主观情绪信息的量化，为本研究工作的开展奠定基础。

（2）国外对社交媒体的讨论内容与证券市场之间的关系进行系统性研究的并不多，而且由于中英文的处理技术、数据资源方法仍存在较大差距，很难将国外研究方法直接应用于国内证券市场。而在国内现有研究中，大多仅针对股票论坛的帖子数量与投资者行为及其对证券市场的影响进行研究，而对其他类型的社交媒体、社交媒体中内容的其他信息量研究极少。因此，本书拟分别利用新浪微博、物流论坛这两种不同的社交媒体，通过投资者情绪，量化它们内容中蕴含的投资者对市场信息的判断、预期及分歧三类信息量，研究投资者情绪指数与证券市场的收益、交易量和波动性的互动关系,力图系统深入地分析社交媒体中讨论内容蕴含的信息量对证券市场的影响,并为该领域的研究提供基于中国证券市场的有力证据。

(3) 在国内外已有相关研究中,主要以社交媒体中关于财经金融的热门话题、即时新闻和当前走势等话题的讨论内容为研究样本,而这些内容大多是非基本面因素的信息,通常只会影响投资者对市场的短期心理预期及投资行为。本书提出通过物流论坛可以获得及时、真实的基本面信息,并拟通过理论及实证两方面检验从社交媒体中及时、真实地获取基本面信息思路的可行性和有效性。

第 3 章　社交媒体 UGC 与证券市场之间关系的研究框架与设计

本书在第 2 章对相关研究文献进行了系统回顾,已有的理论及实证研究给予本书的研究框架与实证设计不少的帮助和启发。为了研究社交媒体中用户原创内容(UGC)与证券市场之间的双向互动关系,本章在投资者情绪、市场信息、社交媒体和证券市场之间的内在关系基础上,建立了研究社交媒体 UGC 与证券市场互动关系的研究框架,并对后续四项研究工作之间的逻辑关系进行了梳理。

3.1　研究框架

为了深入研究社交媒体 UGC 与证券市场之间的关系,本书借助投资者情绪,将其分成两个问题进行研究和解答:

(1) 社交媒体海量 UGC 是否蕴含着丰富的反映投资者对市场总体的关注、心理预期及异质信念等主观情绪信息。

(2) 社交媒体的投资者情绪与证券市场之间存在何种关系。

3.1.1　社交媒体 UGC 蕴含着反映投资者情绪的有效信息

作为如今投资者获取财经消息的最主要来源,社交媒体上充满着来自不同组织的新闻和消息,来自传统和网络传媒的网络新闻、各级政府部门公文和统计报告、法院文件、金融机构的研报和文件等文本内容成为投资者定期或不定期获取宏观经济新闻、行业动向、公司盈余及其他事项等内容的主要来源。同时,各类随时产生的谣言也在用户中快速传播和扩散,这些谣言的可信度不高,且真实性很难辨别。此外,在社交网络中传播和扩散的还有投资者围绕各种新闻、消息和谣言等话题展开的讨论内容及人们所表达的态度和情绪。

社交媒体不仅信息及时、信息成本低,而且还可以提供"集体智慧",越来越多投资者,尤其是个人投资者,倾向于使用社交媒体来获取信息并发表个人看法。Husnain 等[109]收集了几类社交媒体的部分帖子并进行统计分析后发现,其中 67.8%的内容是用户的个人主观意见,18.1%的内容是客观描述,剩余 14.1%的内容则包含主观意见和客观描述。Metawa 等的研究表明,人们在社交媒体中讨论的话题哪怕仅仅是日常生活,也可能对一些看似无关的系统和事件产生影响。Bollen 等[91]发现,Twitter 中有关政治、经济甚至日常生活的话题讨论都能够影响公众情绪,基于这些讨论内容分析建模可以预测一些社会和经济事件的发展趋势。Das 等[77]、Antweiler 和 Frank[76]、Fernandez 等[90]、Yefeng 等[97]及更多学者的研究更直接地证明,各类社交媒体中 UGC 富含投资者的主观情绪信息,他们先实时采集网络文本数据,找出社交媒体中关于市场和个股的观点的帖子,然后汇总帖子数量、用户情绪和看涨看跌比例等,也就是投资者对市场信息的关注、心理预期及异质信念,即本书所研究的投资者情绪。

因此,本书引入投资者情绪作为研究社交媒体 UGC 与证券市场之间关系的中间变量,同时也通过投资者情绪的定义为社交媒体 UGC 的量化提供度量指标。由此可见,量化社交媒体 UGC 及建立社交媒体的投资者情绪是本书研究的首要任务,是展开下一步研究的基础。

3.1.2 投资者情绪与证券市场之间关系的理论分析

3.1.2.1 投资者情绪与证券市场的内在关系

认知心理学家 Lazarus 认为,造成情绪的直接原因不是外部事件,而是人们对事件的判断。投资者对收集到的信息经过个人的判断、分析和处理后,其心理因素会随之发生微妙的变化,投资者的情绪也会不自觉地受到影响。当股票市场面临的不确定因素增多,投资者感觉无法确定投资行为的可靠性时,就会在群体中寻求更多的信息,如专家意见、他人经验和自己的直觉等。投资者个体情绪变化经过在群体的交流互动蔓延传染并不断强化,逐渐形成了具有倾向性的投资者(群体)情绪。投资者情绪通过影响投资者的决策行为和交易行为,从而影响股票供求关系和股票价格。股票价格往往会产生一种锚定效应或框定效应,反过来又会影响投资者对股票内在价值的判断,进一步造成认知偏差和情绪偏差,形成一种反馈机制。图 3.1 描述了市场信息、投资者情绪与证券市场的内在关系。

由此可见,投资者情绪与证券市场价格相互作用、相互影响,我们在研究中需要将两者纳入一个研究系统,从两者的双向影响角度进行分析。

第3章 社交媒体UGC与证券市场之间关系的研究框架与设计

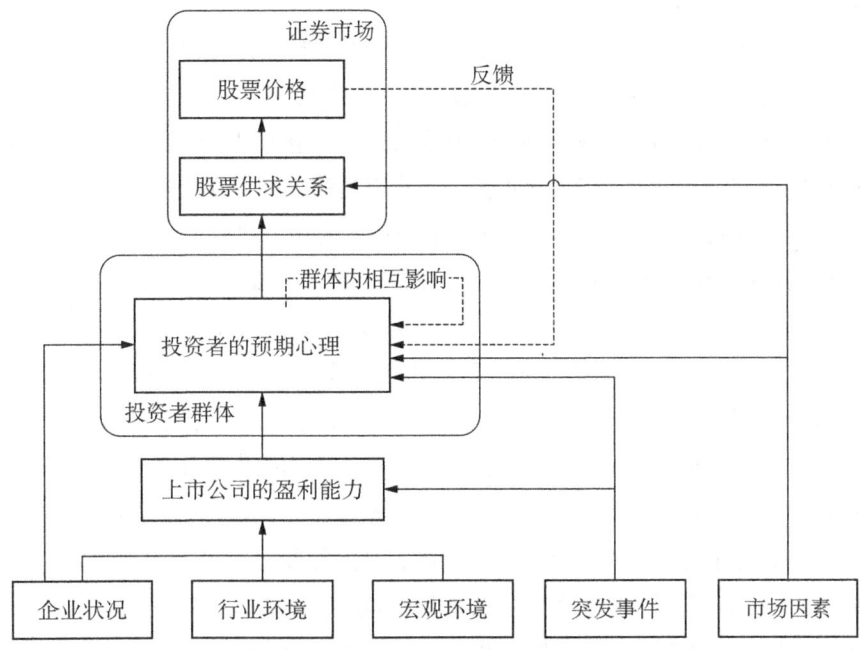

图3.1 市场信息、投资者情绪与证券市场的内在关系

3.1.2.2 投资者情绪与证券市场的互动关系

前人的研究大多认为,投资者情绪不具备影响价格走势的能力,而是受到历史股价的影响。20世纪90年代以来,大多数研究都表明,投资者情绪与市场收益存在相关性[30],但对于投资者情绪是否有助于预测收益这一问题的结论并不一致。

一部分研究结果表明,投资者情绪对市场收益有预测作用。Clarke和Statman[110]发现,投资者情绪可以预期4周的短期收益持续、26周或52周的长期收益发生反转。Fisher和Statman[111]利用投资者情绪的直接度量指标后发现,投资者情绪可以预测短期市场收益。Brown和Cliff[112]在对投资者情绪与短期收益进行研究时发现,虽然两者存在联动,但少有证据说明投资者情绪对短期市场收益有预测能力。而在接下来对投资者情绪与长期收益的研究中,Brown和Cliff[113]发现长期收益与情绪呈负相关关系,而且投资者情绪可以预测长期收益。王美今和孙建军[114]研究了中国股市收益与投资者情绪之间的关系后发现,投资者情绪的变化不仅对市场收益有显著影响,而且反向修正收益波动。

而也有一些研究认为,投资者情绪不能预测股市收益,而是随股市收益的

社交媒体的投资者情绪与中国证券市场互动关系的实证研究

变化而变化。Gang 等[115]认为,投资者情绪与股票之间的关联并不强,投资者情绪并不有助于解释收益的波动,也不能预测股票价格的走势。张博等[116]以引起投资者情绪变化的货币环境、市场收益、市场波动、相关资产收益等因素为起点,引入市场投资价值、市场预期两个中间变量,应用 VAR 模型和 Granger 因果检验后发现,市场收益、市场投资价值与投资者情绪之间存在正反馈强化过程。

从第 2 章对社交媒体 UGC 与证券市场关系的相关研究回顾可以看到,随着互联网的发展和社交媒体应用的普及,一些学者已经开始研究社交媒体的情绪与证券市场之间的关系,而国内对此方面研究少有涉及。本书将通过建立社交媒体的投资者情绪指数,对投资者情绪与股票市场之间的互动关系做进一步分析。

在研究投资者情绪与证券市场的众多特征指标的关系中,除了最受关注的收益率外,Lugmayr[117]认为,投资者情绪与成交量、波动性和流通性之间的关系同样重要,而且还应该关注噪声交易的偏差和对过度反应、投资者理性/非理性行为的预测能力以及如何在投资者情绪中去除受证券市场影响的部分等。因此,本书在研究投资者情绪与股票市场之间的关系时,主要就投资者情绪与收益率、成交量和波动性三个特征指标之间的关系展开分析,对其他问题的研究有待今后工作的进一步展开。

综上所述,为研究社交媒体 UGC 与证券市场之间的双向互动关系,本书将在建立社交媒体的投资者情绪指数基础上,展开一系列实证研究,深入探讨社交媒体的投资者情绪与证券市场之间的相互影响。本书将按照研究一到研究四四个基本步骤展开研究工作(图 3.2):

(1) 利用 Web 信息采集、自然语言处理和文本分析等多种信息技术,建立社交媒体的投资者情绪指数。

(2) 考虑如今即时通信社交媒体(如新浪微博、QQ、微信等)的流行,市场信息和市场情绪可能可以在很短时间内到达市场并融入市场,从而对市场收益波动性产生影响。以新浪微博为数据来源,计算日内投资者情绪指数,分析投资者情绪指数对日内市场波动率的影响,考察社交媒体的信息流、情绪流到达证券市场对市场收益波动的影响。

(3) 从已有研究中可以看出,社交媒体用户对财经新闻、热点新闻、甚至日常生活等消息的讨论内容都会对证券市场短期表现产生影响[12, 91]。因此,以新浪微博为数据来源,计算每日投资者情绪指数,考察投资者情绪指数与市场收益、成交量之间的短期互动关系。

(4) 一些用户在社交媒体中也会对市场、行业和上市公司的基本面因素进行

第3章　社交媒体UGC与证券市场之间关系的研究框架与设计

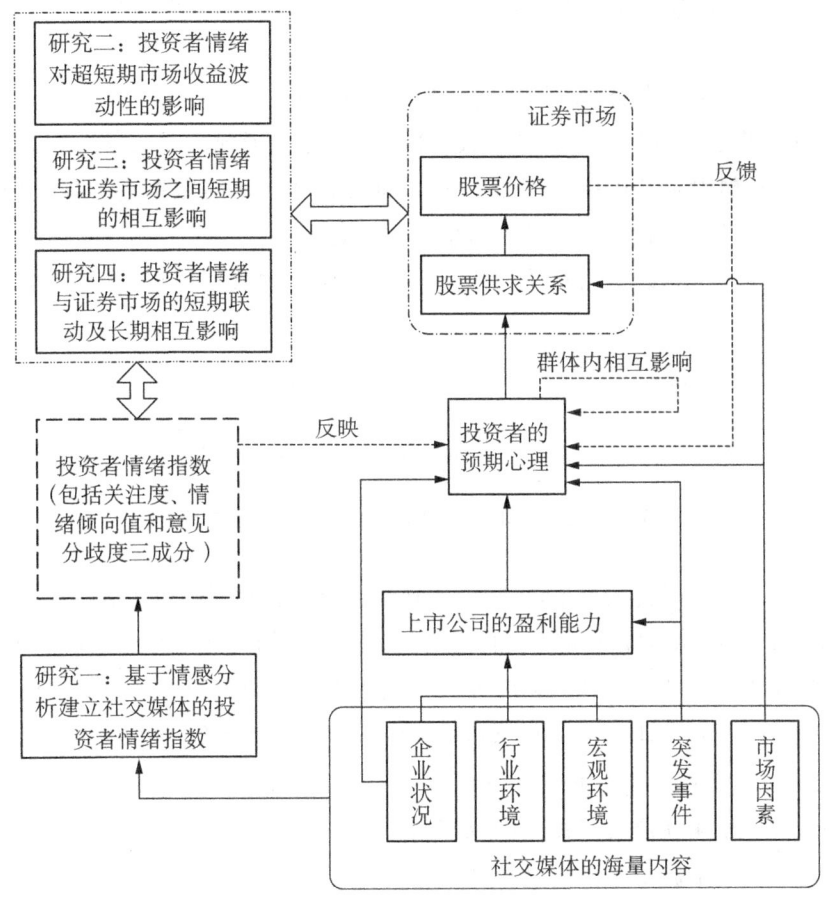

图 3.2　社交媒体UGC与证券市场互动关系研究框架图

专门并深入研究,那么,从这些讨论内容中提取出来的投资者情绪应该能反映不同投资者对行业总体的判断、预期,这些投资者情绪可能对证券市场的长期表现产生影响。为此,本书将以物流论坛为数据来源,计算每周投资者情绪指数,分析投资者情绪指数与市场收益、成交量和波动率之间的短期互动和长期相互影响。

3.2　研究内容具体设计

3.2.1　投资者情绪指数的建立

研究一拟设计和实现社交媒体的投资者情绪指数建立模型,实现从社交媒体中收集数据,把其中反映投资者心理情绪变化、态度和看法等主观因素提取出来,并整合成投资者情绪指数,把社交媒体 UGC 与证券市场特征指标联系起来。

研究一将按照如图 3.3 所示的几个关键步骤:

(1) 利用 Web 信息采集技术从社交媒体中下载或抓取网页数据。

(2) 通过网页解析技术、中文分词和词性标注技术对数据进行预处理,并使用文本分类技术进行证券垃圾信息分类过滤。

(3) 应用情感语料词典,使用极性累加法对文本数据进行句子级、篇章级的情感倾向值分析。

(4) 计算一定时期内的社交媒体的投资者情绪指数。

图 3.3 社交媒体的投资者情绪指数建立的基本流程

研究一是本研究的技术核心,由于缺乏现成的证券领域中文语料资源和需要编写较多的代码,完成研究一的相关实验所需要的时间也是较多的。因此,简要说明本实验的实验环境和部分实验工作所需要的时间。笔记本处理器为 Inter(R) Core(TM) i7 - 2630QM CPU 2.00GHz,内存 4GB;操作系统为 Windows 7;实验环境为 Eclipse 和 Access。其中部分实验,如使用 Java 编写单线程代码调用新浪微博提供的 API 接口下载微博数据花费 1 周左右,修改网络爬虫代码下载财经论坛、物流论坛的数据也花费 1 周左右,整理分类语料库、情感语料库花费 1 个月左右,整理情感词典(包括写代码整理情感词、计算情感词权值和人工整理等工作)花费 3 周左右。虽然研究一所花费的时间较多,但其是后续研究及今后研究的必要前提,而且今后改进和维护语料资源及技术框架所需要的时间会相对大大减少。

3.2.2 投资者情绪与证券市场互动关系的实证分析

下面三个实证研究工作所使用的实验环境与研究一相同,此外,研究二至研究四使用第 4 章投资者情绪指数建立模型来完成计算社交媒体的投资者情绪指数部分,使用 Eviews 和 Stata 软件完成统计分析与建模分析部分。

3.2.2.1 投资者情绪对超短期市场收益波动的影响分析

研究二分析了社交媒体的信息流、情绪流对超短期(日内)市场指数价格波动的作用。各类预期和未预期到的新闻、消息等信息流连续不断地到达证券市

第 3 章 社交媒体 UGC 与证券市场之间关系的研究框架与设计

场并融合到市场价格当中,影响着市场指数收益率和波动率。社交媒体作为时下投资者获取市场信息的重要渠道之一,各类信息往往第一时间就在社交媒体中被报道和分享,而且信息在社交媒体中快速传播和扩散也可能会使社交媒体的信息流在短时间内到达证券市场。那么,社交媒体的信息流是否会影响市场指数收益率的波动?伴随信息流到达证券市场的情绪流是否也会带来同样的影响?

研究二基于混合分布假说,以新浪微博为数据来源,建立投资者情绪指数,运用 GARCH 条件异方差模型进行实证分析后发现,随着社交媒体信息流到达证券市场,市场指数收益波动率加剧,表明社交媒体的信息中包含投资者所关注并影响投资者投资决策行为及市场交易活动的有效信息;同时,伴随信息流同时到达证券市场的情绪流也对证券市场产生影响,乐观情绪有助于缓解收益率波动,悲观情绪则会加剧收益率波动。也就是说,投资者情绪显著影响着证券市场的收益波动性,此结论与已有研究结论相符[15,29,26]。

3.2.2.2 投资者情绪与证券市场的短期互动关系分析

研究三拟探讨即时通信社交媒体中投资者对财经新闻、热点新闻和日常话题等非基本面话题的讨论内容与证券市场的特征指标(收益和成交量)之间的互动关系。

研究二虽然验证了社交媒体的投资者情绪对市场收益的日内波动率具有相关性,但是使用 120 分钟数据、每日数据均观测不到相同关系出现。Wysocki[67]认为,论坛中的有效信息在很短时间内就可融入市场。Han Bing 等[118]基于理性预期模型研究了流动性水平与市场效率之间的关系,并指出在信息融入市场的过程中,市场流动性水平通过调节投资者的交易成本进而影响市场的信息效率。

因此,研究三通过在新浪微博计算投资者情绪指数,并以深圳成分指数为样本数据的基础上,通过建立 VAR 向量自回归模型分析后发现,每日投资者情绪指数虽然与市场收益、成交量存在相关性,但仅可以帮助预测成交量的变化,而无法帮助预测市场收益,此结论与研究二的实证结论相吻合。并且,研究发现投资者情绪指数的关注度、意见分歧度分别与市场收益、成交量之间有相互的反向影响,而情感倾向值分别与市场收益、成交量之间有相互的正向影响。

3.2.2.3 投资者情绪与证券市场的长期影响分析

现有文献大多关注投资者在社交媒体中发表的有关财经新闻、热点新闻和日常话题等非基本面因素的用户原创内容与证券市场之间的关系分析,很少从基本面信息角度出发,考察社交媒体的用户原创内容对投资者心理预期、投资者欲望以及证券市场资产定价的影响。本书认为,社交媒体的讨论内容中也包含投资者对市场、行业和上市公司的基本面因素的主观情绪信息,而且,基于这些讨论内容建立的投资者情绪指数,可能会对证券市场造成长期影响。

研究四以物流论坛为数据来源,建立投资者情绪指数,通过沪深55只个股构建电子商务板块指数作为样本数据,通过VAR向量自回归模型分析后发现,社交媒体中基本面信息确实可以通过影响投资者预期心理而对证券市场产生影响,基于物流论坛的投资者情绪指数可以帮助预测行业指数的指数收益率、收益波动率和交易成交量。投资者情绪指数的情感倾向值、意见分歧度两个指标与市场收益的相互影响存在5周左右的短期滞后效应,而关注度指标与市场收益的相互影响则存在26周左右的长期滞后效应。

3.3 本章小结

本章通过明确社交媒体UGC蕴含着反映投资者情绪的有效信息、投资者情绪与证券市场价格相互影响两大问题,建立了研究社交媒体VGC与证券市场之间互动关系的框架:

第一,必须先建立社交媒体的投资者情绪指数作为联系社交媒体与证券市场的中间变量,即为研究一。研究一先从社交媒体中爬取网页数据,然后对数据进行预处理并过滤垃圾信息,再计算情感倾向值进行情感分析,最后据此计算一段时期内的社交媒体投资者情绪指数。

第二,对投资者情绪与证券市场之间互动关系的研究被细化到超短期、短期和长期三个维度,形成投资者情绪对超短期市场收益波动的影响分析、投资者情绪与证券市场之间的短期互动关系分析、投资者情绪对证券市场的长期影响分析三项专项研究,即为研究二至研究四,需要注意的是三项研究的数据来源不尽相同。研究二基于混合分布假设,运用GARCH条件异方差模型和研究一建立的投资者情绪指数进行实证分析发现,在超短期内(日内),社交媒体信息流和情绪流都会对证券市场的收益波动性产生显著影响;研究三通过建立VAR向量自回归模型分析发现,虽然每日投资者情绪指数与市场收益、成交量之间存在相关性,但仅可以帮助预测成交量的变化,而无法帮助预测市场收益;研究四再次改变数据来源建立投资者情绪指数,通过VAR向量自回归模型分析后发现,从长期来看,社交媒体中基本面信息可以通过影响投资者心理预期而对证券市场产生影响。

第4章 基于文本分析的投资者情绪指数建立模型

从第3章的研究框架可以看出,投资者情绪指数的构建方法是展开本研究的基础和关键步骤,为分析社交媒体 UGC 与证券市场之间的关系起到搭建中间桥梁的作用。本章利用 Web 信息采集、自然语言处理和文本分析等多种信息技术,设计并实现社交媒体的投资者情绪指数建立模型,为后续研究工作提供必需的技术和数据支持。

用户在社交媒体中发表日志、分享帖子和转发、上传照片和视频、更新签名和状态等活动中采用的文字表述、形象表达(通过网络符号和表情图像)、影音表现和评论转发是人们常用的情感表达方式[119]。这些每时每刻都在飞速增加的文本数据,包括内容、标签、注释、评论和评分等,都是非常宝贵的用户意见和情绪分析资源,可以为社交媒体 UGC 应用于各个领域提供丰富的数据基础。

然而,这些数据绝大多数都是非结构化数据,通常不能直接为传统的数据库所用。随着自然语言处理以及模式识别、机器学习等人工智能技术的发展,这些庞大的文本数据"宝藏"将成为未来世界的新"石油"。

4.1 相关技术综述

4.1.1 信息采集技术

网络爬虫(web crawler)又被称为"网络蜘蛛",是自动抓取互联网网页的一组计算机程序,是搜索引擎的重要组成[120]。网络爬虫的基本原理是通过预先定义好的起始 URL 列表(uniform resource locator, URL),即互联网上网站和其他资源的访问地址,按一定的顺序和规则定期抓取网页,对网页进行分析,提取新的 URL 放入待处理 URL 队列,并对相关内容进行处理和保存,通过不断遍历 URL 队列来进行采集信息。

许多社交平台和应用程序由于使用了大量的交互操作和动态网页技术,或无意把数据提供给搜索引擎,很难通过网络爬虫获取其中的数据。大多数主流社交平台都对外开放了一些应用程序接口(application programming interface,API),允许第三方合作伙伴通过这些 API 访问部分数据。

以新浪微博为例,新浪微博目前提供了超过 200 个数据接口,可以访问微博内容、评论、用户、关系和话题等信息,这为第三方获取其丰富数据提供了一定的便利条件。但新浪微博对调用 API 在访问频次、访问内容等方面进行了限制,因此,利用 API 所能获得的数据在广度(数据涵盖的领域)和深度(单一领域的知识含量)上仍会存在不足。

4.1.2 文本分析技术

4.1.2.1 文本分类

文本分类(text classification、text categorization 或 topic spotting)是指通过自动的、有监督的机器学习获得一个分类模型,该分类模型可以将大量文本按照一定的分类规则划分到一个或多个预定义的类别中[121]。文本分类过程可以形式化描述如下:

给定一组包含 n 个预先定义的类别集合 $C=\{c_1,c_2,\cdots,c_n\}$ 和一组包含 m 个文档的训练集 $D=\{d_1,d_2,\cdots,d_m\}$,客观存在着一个目标模型 T,它能满足文档集合 D 到类别集合 C 的映射关系:

$$T:D \to C \tag{4.1}$$

利用人工对文档集合 D 的类别进行标记,通过有指导地对已标记训练文档集 D 进行学习,找到一个性能近似于 T 的模型 S,满足:

$$S:D \to C \tag{4.2}$$

建立分类系统就是寻找一个映射误差尽可能接近零的 S,即满足以下评估函数:

$$\text{Min}(\sum_{i=1}^{m} f(T(d_i)-S(d_i))) \tag{4.3}$$

当给出一个新的待分类文档 d_i 时,$S(d_i)$ 就是根据模型 S 得到的分类结果。

4.1.2.2 情感分析

与互联网上其他文本相同,社交媒体中也存在着大量用户表达他们对人

第4章 基于文本分析的投资者情绪指数建立模型

物/事物、事件等带有感情色彩的主观性看法[122]的文本信息。针对文本内容的观点挖掘(opinion mining)任务可以分为三个子任务：挖掘发帖人特征、挖掘关注对象的特征和情感分析。本书的研究内容主要涉及情感分析子任务。

情感分析又可以称为"意见挖掘"或"主观性分析"，其目的是判断文本所体现的说话人的情感褒贬或类别不同将文本进行分类或分等级或计算比率，分类通常分正面(褒义、肯定、支持、高兴)、负面(贬义、否定、反对、悲伤)和中性三类。情感分类是指将主观性文本按照所表达情感分类到正确的情感类别中。情感分析的主要任务可以分为词语、句子和篇章三个层面的任务。

1) 词语层面

词语层面的主要研究任是情感分类，即识别词语的情感分类。其主要包括以下两种方法：

（1）基于语料库和机器学习的方法[123,124]，即在大型的语言资料库基础上，通过识别上下文，利用连词、否定词等词性以及词语的统计特征，如词语是否出现，词频、词语的共现率等，结合机器学习来判断给定词语的情感分类的方法。

（2）基于词典和语义特性的方法[125,126]，即将词典或词语知识库扩展成情感倾向词典的方法。General Inquirer，WordNet，HowNet、同义词词林等中英文词典资源在揭示语义联系、计算词语间距离、扩展情感种子词语等方面起到了积极作用。基于带极性标记词典的自动情感分析方法[94]，由于理论的简单和易于实现等特点，已经作为默认标准应用于很多领域的研究，特别是金融证券领域[56]。

基于语义特性的情感分析研究认为，一个词语趋向肯定和否定的距离为词语的语义倾向，可以从方向和强度[127]两方面进行度量。方向表明该词语是肯定含义还是否定含义，强度表示该词语肯定（否定）含义的强弱程度。Bagherzadeh[127]提出具有代表性的基于语义倾向的情感分析方法：第一步是对评论文本进行词性(part of speech，POS)标注，提取通常被认为包含语义倾向的包含形容词或副词的符合一定词性搭配模式的双词词组；第二步是计算词组的语义倾向；第三步是计算某个评论中词组的平均语义倾向，如果是正值则该评论分类为肯定，否则分类为否定。Schulder 等[128]认为，词语出现的上下文不同，词语的极性会完全不同。他们的实验还表明，提高识别中性例子可能是提高情感分类效果的最好方法。

基于语义倾向的情感分析技术通常包括分词和词性标注、获取情感词、计算词语语义倾向、计算句子或全文的语义倾向四个关键步骤。

2）句子层面

句子层面的主要任务包括情感分类和情感信息抽取。在词语的情感分类基础上，利用 n-grams[122]、词性（POS）[129,130]、句法[129]、否定和语气词等因素，在不同的领域和主题下进行句子的情感类别判定，还可以抽取出意见持有人、评价对象、情感或观点词等信息。

Pang 等[123]是最早将机器学习方法应用于情感分析的学者之一。他们尝试了三种不同的分类算法：支持向量机、朴素贝叶斯和最大熵，以及不同的特征抽取方法，如 unigram 和 bigram，词性（POS）、布尔值和词频特征权重等。他们使用支持向量机和布尔值在电影评论数据集中取得了最好的分类效果。后来，他们提出可以先检测并删除客观文本的方法[131]，结果表明，经过改良后的方法都优于之前的方法。

3）篇章层面

篇章层面的主要任务包括情感分类和情感信息抽取。一个篇章文本可能包括多个主题的内容，因此，篇章的主题识别往往需要和情感分类同时进行，如主观性语句识别、观点识别、观点流派识别和来源识别等。

Rani 等[132]对 55 篇论文进行分析，采用朴素贝叶斯和支持向量机的机器学习算法，进一步研究如何提高分类效率。Yan 等[133]采用胶囊网络构造不同的细粒度上下文信息，提取高层特征信息，并利用上下文信息为情感识别提供额外的语义信息，该方法提高了内隐情绪识别的准确性。Bollen 等[92]也采用了类似的情感分类方法将 Twitter 帖子按用户所表达的情绪分为六个维度，他们发现，加入特定的公众情绪，有助于提高对道琼斯工业平均指数涨跌预测的准确性。

4.1.3　现有的中文语料资源

情感分析研究工作离不开一系列语料资源的支持，主要包括已标注的情感语料库和情感词典。在情感语料库方面，可靠的英文情感分析语料资源比较多，标注语料库包括 TREC 评测语料①、NTCIR 测评语料②、Wiebe 等建立的 MPQA 新闻情感语料库[134]、Pang 和 Lee 建立的 IMDB 影评语料库[135]、Hu 和 Liu 建立的五种产品评论语料库[136]、Jindal 和 Liu 建立的亚马逊产品评论语料

---

① 参见网址 http://trec.nist.gov/。
② 参见网址 http://research.nii.ac.jp/ntcir/index-en.html。

库[137]、Blitzer 等建立的四类产品评论语料库[138]等。中文已标注情感语料库主要有 COAE 测评语料，谭松波整理的酒店、书籍、电脑三类评论语料①，台湾大学新闻情感语料库[139]和网络上公开的一些影评情感语料。

在情感词典方面，通用的英文情感词典有 GI（general inquirer）情感词词典②、OpinionFinder 情感词典③、SentiWordNet 情感词库④等，通用的中文情感词典有 NTUSD 情感极性词典、知网（HowNet）中英文情感词典⑤和 LTP 的同义词词林⑥等。

由此可见，现有的已标注情感语料库主要针对电影、产品销售等领域的情感分析研究，专门用于金融证券领域的已标注情感语料库极其少，已有的情感词典多为通用情感词词典，缺乏针对性。因此，建立证券领域的垃圾信息分类语料库、已标注情感语料库和情感词典可以为证券领域的文本分类、情感分析应用奠定坚实的基础。

4.2 投资者情绪指数构建的总体流程

社交媒体文本内容的度量技术框架可以细分为以下几个部分，如图 4.2 所示。

(1) 信息采集，包括选择信息采集的数据来源和使用网络爬虫、API 等工具从社交媒体中采集文本信息。

(2) 信息预处理，将 Web 文本转化为可处理的结构化文本，主要包括网页内容解析、分词和词性标准、证券垃圾信息过滤等预处理工作。

(3) 建立语料库及情感词典，主要包括建立证券领域的垃圾信息分类语料库、已标注的情感语料库及情感词典，为情感分析提供语料资源支持。

(4) 情感分析，通过基于语义的情感分析技术和情感词典计算句子级和文档级的情感倾向程度。

(5) 计算一定时期内的投资者情绪指数，包括关注度、情感倾向值和意见分歧度三个指标。

---

① 参见网址 http://www.searchforum.org.cn/tansongbo/corpus-senti.html。
② 参见网址 http://www.wjh.harvard.edu/~inquirer/。
③ 参见网址 http://mpqa.cs.pitt.edu/。
④ 参见网址 http://sentiwordnet.isti.cnr.it/。
⑤ 参见网址 http://www.keenage.com/html/e_index.html。
⑥ 参见网址 http://www.ltp-cloud.com/。

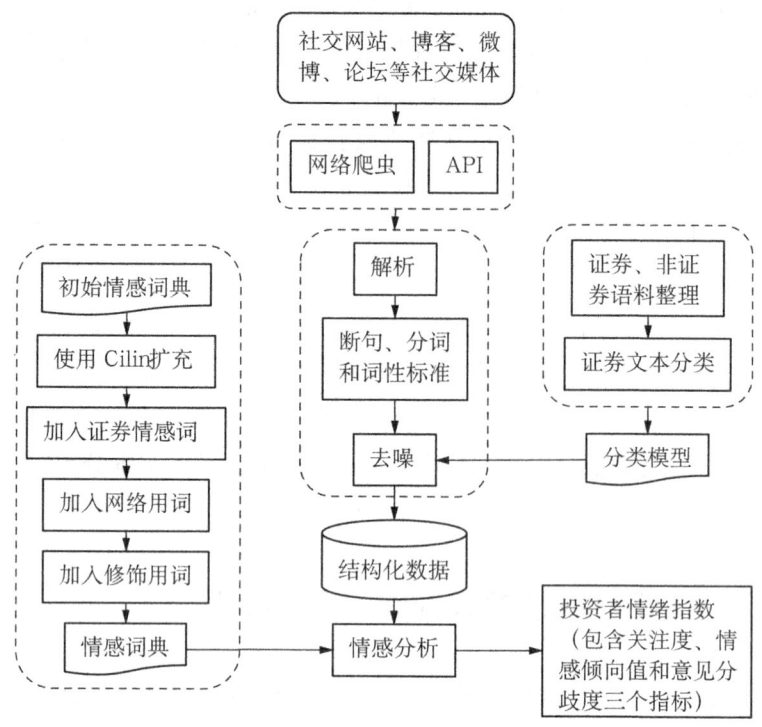

图 4.2 社交媒体的投资者情绪指数建立模型

4.3 投资者情绪指数构建的实现

4.3.1 投资者情绪指数的度量指标选择

宏观经济层面信息和微观金融市场信息通过各种渠道传递给市场参与者,不同参与者由于各自文化水平和认知水平不同,会给予这些信息不同的反应,其表现出来就是不同的态度、看法和情绪。当参与者通过社交媒体发表帖子抒发个人想法和情感,或与他人相互交流投资经验和心得时,他们发表的内容里面就极有可能包含了他们对证券市场新闻、事件的态度和对证券市场未来走势的关注、心理预期。因此,通过量化社交媒体中有关财经证券话题的 UGC,我们就可以获得市场各方参与者对证券市场的关注度、情绪变化等信息。

崔亮[28]对从网络舆论中提取投资者主观情绪信息的方法进行了改进。他认为,投资者情绪在网络舆论中的具体表现包括两方面:投资者对股票(上市公

第4章 基于文本分析的投资者情绪指数建立模型

司)的关注程度和情感倾向。本研究认为,不同投资者对风险资产未来价格往往存在不同判断,即投资者之间存在意见分歧,除了投资者对关注对象的关注度和情感倾向值外,还应该包含投资者对事件的异质信念(意见分歧)。因此,社交媒体的投资者情绪指数包括以下三个度量指标。

1) 关注度

投资者情绪指数的关注度指标是指投资者对讨论对象(市场、行业或上市公司)的关注程度。投资者发帖量越高,帖子的浏览量、转发量、回复量和评论量越大,这些都可以表明投资者对该帖的讨论对象或话题的关注程度越高。

2) 情感倾向值

投资者情绪指数的情感倾向值指标是指投资者对关注对象(市场、行业或上市公司)的运营状况、经营环境、未来发展前景等方面的乐观/悲观程度。情感倾向值的正、负符号分别表示投资者对市场(总体)的乐观、悲观态度,情感倾向值指标的数值的大小体现了投资者乐观和悲观态度的强弱程度。

3) 意见分歧度

投资者情绪指数的意见分歧度指标是指投资者对讨论对象的异质信念(意见分歧)程度。不同投资者在获取信息的渠道、时间上存在差异,在对讨论对象的关注程度上和对讨论对象的价值判断上都可能存在差异,因此,不同投资者对某一讨论对象和话题可能持有不同的意见,从而会出现意见分歧[140]。

4.3.2 信息采集

证券市场信息覆盖的范围极为广泛,而且每时每刻都有新的内容在互联网上产生、更新和消失。动态网页、多媒体数据、Web of Service等各种网络资源形式的日益增多,给投资者及时准确地获取市场信息带来了极大的困难。对网络内容的采集算法从原来的较为单纯的文本检索方式,发展成为涵盖网页数据抽取、搜索引擎、数据挖掘等多种方法的综合应用。

4.3.2.1 信息来源

本书将市场信息的主要社交媒体来源分为以下四类:

(1) 财经新闻网站。大型门户网站通常都设有财经模块,转发国内外财经要闻、开设专题栏目、发布市场实时信息等,如新浪财经、腾讯财经、网易财经。一方面,这类新闻网站具备了很强的全面性、时效性和公众信任度;另一方面,这类网站都新增了新闻评论、新闻分享、新闻推荐等交互功能,网民可以通过交互活动反映个人意愿和想法。这些是市场信息的重要数据来源。

(2) 股票论坛。股票论坛为投资者开辟了交流投资经验、发布独家消息的平台,并通过邀请专家行业知名人士撰写专题评论、在线答疑等方式吸引众多投资者参与。股票论坛往往会依据标的物、行业、上市公司等讨论主题开通子论坛,用户可以方便地选择感兴趣的话题并参与讨论。论坛的开放性、自由性和匿名性等特点使得股票论坛成为众多意见的交流场所和各种言论的集散地,具有庞大的信息量。国内颇具影响力的股票论坛包括东方财富网、金融界、新浪网的股吧和凤凰网的股吧等。

(3) 博客和微博。博客是由个人或公司管理的,不定期发表新文章、图片或视频用以抒发个人情感或分析信息的网络平台。微博是一种允许用户及时更新简短文本并可以公开发布的微型博客形式,虽然存在140字的内容长度限制,但相比其他信息传播渠道,微博的强实时性仍然使它成为人们重要的信息来源之一,也是社会重要的信息传播渠道,很多政府机构、企业、公众人物都开始使用微博进行营销和舆论引导。目前,国内主要的微博服务供应商有新浪微博、网易微博等。根据2013年中国上市公司舆情中心的调查数据,在全国72家公募基金公司、114家证券公司和2 000多家上市公司当中,开设新浪官方微博的比例分别是86%、34%和17%,微博在证券领域的确引起了各方参与者的关注。

(4) 即时通信类应用。随着即时通信工具的发展,专门针对移动设备开发的实现用户间文字、图片等内容即时沟通的社交应用应运而生。微信、阿里旺旺、YY语音等工具在整体网民的覆盖率达到了86.9%。在2013年中国上市公司舆情中心的调查数据中,开通官方微信账号的基金公司和证券公司占40%和18%(上市公司使用微信的统计数据未公布)。虽然目前即时通信工具在金融领域的使用比例并不是很高,但在未来这种社会化平台必定会为各方参与者所接受。

4.3.2.2 信息采集的实现

社交媒体种类繁多,需要根据信息来源的不同制定相应的采集更新策略并使用相应的采集工具来及时地获取市场信息、跟踪舆情事件发展动向。本章主要通过网络爬虫和API这两种信息采集工具完成信息采集工作。

对于新闻网站、财经论坛和博客等网络资源,由于网站的层次结构或网页的层次结构不尽相同,需要根据每个网站单独分析,本研究主要利用Java编写的开源网络爬虫包Crawler4j来编写多线程的Web爬虫程序进行采集数据。Crawler4j是一个轻型的完整多线程爬虫框架,使用正则表达式对限制数据采

集对象,而且方便集成到其他项目中。Crawler4j 的基本工作原理可以表示为以下算法:

算法 1:crawlData(SeedUrls,D,N)
输入:SeedUrls(已知入口 URL 集合),
　　　UrlsQueue(待抓取 URL 队列,初始为 Null,FIFO)
　　　D(待抓取的网页深度),N(最大抓取网页数)
处理:
foreach(url in SeedUrls)
　　page←crawl(url)
　　save(url,page)
PAGE←PAGE∪page
　　UrlsQueue←extractUrls(url)
endforeach
url'←selectToCrawl(UrlsQueue)
while(url'.d<=D and n<=N)
　　page'←crawl(url')
　　save(url',page')
PAGE←PAGE∪page
　　n←n+1
　　newUrls←extractUrls(url')
　　UrlsQueue←(UrlsQueue-url')∪newUrls
　　url'←selectToCrawl(UrlsQueue)
endwhile
输出:PAGE

微博则通过微博供应商提供的 API,自行编写读取程序来获取微博的数据。

4.3.3 信息预处理

信息预处理主要是将采集的非结构化文本转换为能满足后续文本分析处理工作所需要的结构化文本,主要包括网页解析、分句、分词和词性标注,以及证券垃圾信息分类过滤等。

4.3.3.1 网页解析的实现

互联网数以亿计的网页多为包含大量 HTML 或 XML 标签和嵌套的半结构化文本,通过网络爬虫等抓取工具获得的数据或多或少会保留着这些标签。HTML 标签通过一些规定的描述性标签来说明网页中的文字、声音、动画、图形、表格以及链接等内容。XML 被称为可扩展标记语言,是一种通过自定义标签对数据进行结构化存储、传输的工具。

对于 Web 文本挖掘来说,网页解析就是消除与信息无关的标签内容。通常使用 HTML 解析工具来完成,如 jsoup、HTML Parser 和 Gumbo 等。

本章使用 HTML Parser 解析工具实现网页解析功能,去除采集到的数据中所有的 HTML 标签和 XML 标签。此外,本章利用 Java 的正则表达式包 java.util.regex,将下载数据的无关字符串删除。处理后的结构化内容保存在 Access 数据库中,数据表中的主要字段包括股票代码、股票名称、发帖人 ID、标题、内容、点击数、回复数、转发数等。

4.3.3.2 断句、分词和词性标注的实现

1) 断句

结构化的文本内容需要先进行断句处理,一般来说可以直接使用表示句子结束的标点符号(分号、句号、问号、感叹号等)进行断句。眭国钦等[110]认为,网络评论语法的随意性会使得语句存在很多语法不规范的问题,会导致语言学特征提取得不准确,影响观点抽取的准确性。考虑社交媒体中大多数内容都是短文本,而且书写上存在随意性,标点符号的使用并不标准。因此,除了常用的句子结束符外,我们还增加英文的句子结束符号、空格符等符号对网络文本进行断句。

2) 分词和词性标注的实现

分词是文本分析的第一个关键任务。英文等语言由于单词之间具有空格,分词相对简单,但仍需要考虑一些特殊符号的处理,如称呼"Mr."及"等等"的简写形式"etc."等。此外,英文需要使用词干提取算法对英语时态、形容词比较级等变形单词的词根进行还原。对于中文而言,由于书写时词语之间没有分隔,分词是中文文本分析必不可少的步骤。

分词后的词语是词性标注任务的输入内容。通常,词性包括八种:名词(N)、动词(V)、形容词(Adj)、副词(Adv)、介词(P)、冠词(Det)、连词(Conj)和感叹词(I),每个词性可以包括若干个细分类别。常用英文词性标注工具有 NLProcessor 和 Stanford POS Tagger,中国科学院的 ICTCLAS 和哈尔滨工业

大学的 LTP 是常用的中文分词和词性标注软件。ICTCLAS 系统算法基于隐马尔科夫模型,分词精度可以达到 98.45%。本书使用基于 ICTCLAS 系统的 Ansj 中文分词算法进行分词和词性标注。证券领域有很多专用术语属于未登录词,很难被通用分词方法识别。因此,本书专门收集了证券领域的专用术语 821 个(主要包括股票市场常用语和信息披露中涉及的法律常用语),并整理了沪深两市上市公司名称和股票名称,作为自定义词典供 Ansj 分词算法使用。

4.3.3.3 证券垃圾信息分类过滤

目前,社交媒体中存在各类垃圾信息,包括虚假投资、虚假收费、虚假客服电话、非法博彩和色情广告等。这些垃圾信息对于后续分析投资者情绪存在一定的影响,可以使用文本分类技术进行垃圾信息过滤。常见的文本分类模型有最大熵模型、决策树、贝叶斯分类算法、支持向量机和神经网络等。其中,贝叶斯分类算法的特征项之间是相互独立的假设前提,虽然其在实际生活中很难满足,但是该算法在分类任务中却取得了巨大的成功。

本章采用贝叶斯多项式模型(multinomial model)分类器,使用证券信息分类语料库对其进行训练,以得到证券垃圾信息过滤模型。贝叶斯多项式模型[142]需要考虑特征在文档出现的频率信息。假设文档长度与类别相互独立,特征 w_t 的出现与上下文、特征的位置相互独立。令 N_{it} 是 w_t 在文档 d_i 中出现的次数,则给定文档类别的条件下文档出现的概率为:

$$P(d_i \mid c_j) = P(\mid d_i \mid) \mid d_i \mid ! \prod_{t=1}^{|V|} \frac{P(w_t \mid c_j)^{N_{it}}}{N_{it}!} \qquad (4.4)$$

其中,$|d_i|$ 为文档 d_i 中包含的特征数,$P(d_i)$ 表示文档 d_i 在训练集中出现的概率,$|V|$ 为特征(词)数量,$P(w_t|c_j)$ 为特征 w_t 在类别 c_j 的文档中出现的概率,$0 \leqslant P(w_t|c_j) \leqslant 1$ 且 $\sum_{j=1}^{n} P(w_t \mid c_j) = 1$。

通过训练集使用贝叶斯优化估计,$P(w_t|c_j)$ 的计算公式为:

$$P(w_t \mid c_j) = \frac{1 + \sum_{i=1}^{|D|} N_{it} P(c_j \mid d_i)}{|V| + \sum_{s=1}^{|V|} \sum_{i=1}^{|D|} N_{is} P(c_j \mid d_i)} \qquad (4.5)$$

其中,$|D|$ 为某一类别的训练文档数量,$P(c_j|d_i)$ 为文档 d_i 属于类别集合 $C = \{c_1, c_2, \cdots, c_n\}$ 中类别 c_j 的概率,式(4.13)中已使用拉普拉斯概率估计进行

平滑。

本书使用 WEKA 软件完成贝叶斯多项式分类器的训练和模型生成。WEKA 软件除了提供简单操作的可视化界面外,还提供开源代码,而且生成的模型可以单独保存供后续研究工作继续使用。证券垃圾信息过滤模型的基本训练步骤如下。

第一步:将证券信息分类语料库按 ARFF 文件格式进行整理。基本数据格式如下:

$$<className>,'<Stock\ text>'$$

其中,$<className>$是类别标记,本研究只包括两个取值:"stock"和"non",$<Stock\ text>$是已分词的文本内容,使用英文单引号括起来。

第二步:在 WEKA 软件"Preprocess"选项卡中打开训练集 ARFF 文件,在"Classify"选项卡中选择分类算法"Naive Bayes Multinomial Text",算法参数使用默认设置,使用"Percentage split"设置训练集和测试集的比例,选择分类字段后就可以开始训练。

第三步:训练完成后,WEKA 会给出相应的分类性能评估参数;同时,可以选择将训练所得模型保存为 model 文件,供后续工作使用。

本研究将证券信息分类语料库按不同比例分成训练集和测试集,检验证券垃圾信息过滤模型的 F 值、准确率和召回率指标,具体见表 4.1。可以看出,证券垃圾信息过滤模型的分类效果不错。

表 4.1 证券垃圾信息过滤模型有效性分析结果

训练集:测试集(比例)	准确率	召回率	F 值
8:2	98.7%	98.7%	98.7%
2:1	98.7%	98.7%	98.7%

4.3.4 建立证券领域情感语料资源

为满足情感分析与最后测试的要求,我们需要建立两个语料库和一个情感词典。证券信息分类库可用于过滤与证券无关的内容,标注情感语料库可用于训练情感分类器和情感分析效果的测试集。情感词典可用于基于语义的情感分析算法。

4.3.4.1 建立证券信息分类语料库

采集到的数据仍会包含大量与财经证券无关的内容。Bollen 等[91]以及

第4章 基于文本分析的投资者情绪指数建立模型

Gilbert 和 Karahalios[142]对微博和博客的帖子进行分析后发现,即使人们在在线社区中讨论的话题与证券市场无关,但是时事政治、宏观经济甚至日常生活中发生的事件和新闻都能够影响公众情绪,都有可能对看似无关的系统、事件产生影响。因此,为了尽可能保留用户发表的内容,本书的垃圾信息过滤功能仅过滤广告、垃圾信息帖子及内容。

证券信息分类语料库是二分类训练语料库,包含证券相关和证券无关两类语料。从采集到的证券信息中随机取出3 000条为证券相关文本,证券无关语料来自新闻网站、论坛、博客等网络资源中含有广告网址和电话、无意义的帖子和评论、重复发布的帖子和评论等,共2 438条。

4.3.4.2 建立已标注的情感分类语料库

证券相关文本的情感分类通过文本描述的内容对证券市场标的物价格涨跌的预期来划分,因此,标注情感分类的人员应该是具备金融证券领域的专业知识的专家或专业人士,才能为语料库的可靠性提供保障。

使用社交媒体中的证券相关内容自动构建已标注情感分类语料库。社交媒体中的证券信息主要包括上市公司、交易所发布的公告消息,媒体从业人士撰写的新闻资讯,金融领域专家或证券分析人员写的点评分析,以及普通投资者的海量评论和回复等。

公告消息和新闻资讯一般都是客观性叙述内容,通常不包含主观情绪内容,应先排除;评论回复内容大多来自非证券领域专家,也予以排除。因此,本书选择来自证券领域专家或分析师的点评分析来构建已标注情感分类语料库。各大财经(股票)网站大多开设了机构研究报告的栏目,主要是提供国内各大证券公司及其分析员对证券市场中的行业、个股的研究报告。该栏目除了给出详细的研究报告外,还会给出评级,评级一般分买入、增持、中性、减持和卖出五个类别。

本章采集了东方财富网、金融界和中金在线三个财经网站的机构研究报告和评级内容,进行信息预处理和自动标注后,人工整理并构成证券领域已标注情感分类语料库。其中,包括三分类和五分类语料库两个子库(附录1):三分类子库中,评级为"增持"和"买入"的语句标注为"正面",评级为"中性"的语句标注为"中立",评级为"减持"和"卖出"的语句标注为"负面",三类语料各2 000条;五分类子库中,评级为"增持""买入""中性""减持"和"卖出"的语句分别标注为"极度正面""正面""中立""负面"和"极度负面",各类语料各1 000条。

4.3.4.3 建立情感词典

社交媒体 UGC 包含了大量不规范的、具有时代性的网络用语。同时,考虑金融证券领域的专业性,本书使用自动与人工相结合的方法构建金融证券领域的情感词典,具体包括以下几个步骤:

(1) 选择初始情感词典。使用知网的中英文情感词典中的中文正面评价(情感)词语、中文负面评价(情感)词语作为初始情感词典。

(2) 扩充情感词典。使用同义词词林扩充初始情感词典。给定一个词语,同义词词林可以提供若干个同义词,其中包含常用词和不常用词,也有口头用词和书面用词。因此,对初始情感词典中的每一个词进行扩充,取出同义词列表后,需要进行筛选去除网络书写中极少出现的词语。若某个同义词出现在采集到的数据或 Sogou 实验室的互联网词库中,可作为情感词加入情感词典,否则删除。

(3) 增加证券领域用语。证券领域有一些专业术语可以表达情感倾向,本章参考 Loughran 和 McDonald[143]的证券褒贬词列表,对证券专业词汇进行整理,选出证券领域的中文情感词语并加入情感词典。

(4) 增加网络用语。大量带着感情色彩的网络用语,如"不明觉厉""高大上"等,随着社交媒体的广泛传播而得到人们的认可和使用。因此,为了尽可能全面地对网络文本进行情感分析,本章对采集的数据和 Sogou 实验室的互联网词库进行整理,将其中包含情绪倾向的网络用语加入情感词典。

情感词典中的情感词(部分词语)如表 4.2 所示。

表 4.2 情感词典中的情感词(部分词语)

初始情感词语	正面 (4 366 个)	关注,厚望,欢喜,看中,满意,认可,推崇,赞成,支持,得意,奖励,讲究,安全,宝贵,必备,便捷,不俗,不懈,沉着,诚挚,驰名,出色,创造性,得当,顶尖,动人,富有,公允,慧眼,活跃
	负面 (4 170 个)	抱怨,惨淡,愤怒,后悔,怀疑,焦急,进退两难,苦涩,困难重重,老大难,恶劣,劣质,乱,落后,冒险,勉强,渺茫,模糊,凭空,强制,弱势,散乱,奢侈,危机四伏,破坏性,沉痛,片面,大跌眼镜,失当,松垮
扩充情感词语	正面 (2 164 个)	引进,升级换代,水到渠成,逆势,整合,迈入,得益,扭亏为盈,创利,青睐,一炮打响,兑现,惠及,激扬,适时,法制化,妥帖,净赚,破竹之势,更新,多元化,眷顾,对眼,倚重,处之泰然,一片生机,坚忍不拔
	负面 (1 969 个)	赤字,骤降,亏得,违纪,搁浅,煞尾,搀假,百业待兴,作案,判刑,曝光,核定,束手无策,误点,不尽人意,深陷,坐困,骚扰,干着急,劳碌,恶性,没戏,警戒,惩办,激化,下挫,理赔,铤而走险,愤慨

第4章 基于文本分析的投资者情绪指数建立模型

续 表

证券用语	正面 (78个)	福利,收益,表彰,典范,中标,优势,启用,重组,前瞻,受益,兑付,贡献,看好,盈利,机遇,竞争力,激励,保荐,龙头,排他性,改善,突破,黑天鹅,红利,创新,突破,买空,多头,坐轿子,利多,利空出尽
	负面 (418个)	风险,亏损,卖出,涉嫌违规,干预,内幕交易,冻结,亏,违规,诉讼,暂停,澄清,终止,行政处罚,违约,立案,债务,跌停,虚假,低迷,质疑,操纵,罚款,违法,审问,赔偿,查封,处罚,利空,量刑
网络用语	正面 (64个)	Mua,v5,抱抱,热门,有戏,果断,牛,顶啊,orz,给力,心,互粉,卖萌,嘚瑟,威武,不明觉厉,高大上,宽心,慈心,叫好声,量体裁衣,卓有,弓虽,稀饭,果酱,打铁,干货,王道,大虾,有料
	负面 (115个)	神马,浮云,囧,冤,内牛满面,暴雨汗,黑线,怒吼,泪奔,扔鸡蛋,蹭,扑克脸,搭错线,面抽,我吐,拍砖,猪头,三观,坑,横生,矮矬穷,疏于,躺枪,请允悲,舌战,走你,跪了,人艰不拆,败北,秀下限

(5) 增加修饰词语。在计算句子级和篇章级情感倾向时,我们需要考虑修饰情感词的程度副词和否定副词带来的影响。程度副词可以加强或削弱情感词的强烈程度,而否定词可以使情感词的情感极性发生反转。

程度副词和否定副词的词语和用法比较稳定,本书仅使用知网收集常用程度副词和否定副词,并设定其对情感词情感倾向的修正程度。具体如表4.3所示。

此外,连接副词虽然对词语的情感倾向没有影响,但是对句子情感倾向会产生不同的影响[143]。例如,"和""也"等表示并列关系为主的连接副词不影响句子的情感倾向;而"不但……,而且……"等表示递进关系的连接副词、"虽然……,但是……"等表示转折关系的连接副词则会增加后半句话的情感倾向,或减弱整句话的情感倾向。因此,本书整理以下连接副词加入情感词典(表4.4)。

表4.3 情感词典的修饰词语(部分词语)

知网中程度/否定义原(属性)	倾向性修正值	说明	词语
extreme|极 most|最	2.5	极强语气	截然,绝,绝顶,绝对,满,奇,甚为,十二分,十分,完全,万万,尤,最高,最为,最,之极,极(共68个)
very|很	2.1	加强语气	多,非常,格外,很,老,甚,太,不少,出奇,尤为,特别,老大,尤其,好不,颇为,不胜,多么(共42个)

续 表

知网中程度/否定义原(属性)	倾向性修正值	说明	词语
more|较	1.8	部分加强语气	更,更加,还,益发,愈,足以,蛮,挺,大不了,越发,还要,远远,这样,那样,进一步,足足(共36个)
ish|稍	0.8	部分弱化语气	略,略微,稍,当,些,一点,一些,有点,好生,怪,挺,稍微,蛮,还,相当,未免,多多少少(共29个)
insufficiently|欠	0.5	弱化语气	轻微,丝毫,半点,不过,不甚,不丁点儿,不大,不怎么,弱,微,欠,没怎么,相对(共13个)
over|超	−1.0	反语	高估,过度,过分,过火,过头,过于,何止,超额,偏,开外,苦,不为过,忒,强,溢,老,超,过于(共27个)
neg|否	−1.0	否定语气	从不,从未,毫不,决不,决非,绝非,没,没有,切不可,切莫,切勿,请勿,尚未,未必,未尝(共35个)

表 4.4 情感词典的连接副词

连接词	情感倾向修正值	说明
和,并且,跟,也,而且,另一方面	修正值=1	并列关系
不但……,而且…… 不仅……,而且…… 即……,又……	前半句=1 后半句修正值=2	递进关系
相反,却,但,但是,可是,不过	连接词后半句修正值=2 连接词前半句修正值=−2	转折关系

（6）计算情感词的情感倾向值。本书利用知网知识框架计算每个情感词的情感倾向值。知网是一个通过概念来描述对象,揭示概念与概念之间以及概念所包含的属性之间的关系的常识知识库。在知网知识框架中,每个词语可以包含若干个概念,每个概念可以表述成若干个义原(即属性)。义原是描述概念的最基本单位,义原在知网知识框架中有多种关系,其中按照上下位关系可以形成一种层次结构。

第4章 基于文本分析的投资者情绪指数建立模型

其一,义原相似度计算。本研究参考刘群等[144]和夏天[145]的研究工作,根据知网中两个义原在层次网络结构中共同经历的边的数目以及每个义原所处层次结构的深度计算两个义原的相似度。义原s_1,s_2的相似度计算公式为:

$$sim(s_1,s_2) = \frac{2 \times position}{depth(s_1) + depth(s_2)} \quad (4.6)$$

其中,$position$是义原s_1,s_2共同经历的边的数目;$depth()$表示义原的层次深度;$sim(s_1,s_2)$取值在0到1之间,0表示完全不相似,不能互换使用,1表示高度相似。

其二,概念相似度计算。由此可计算两个概念的相似度。情感词多为名词、动词和形容词等实词,因此本书主要考虑实词之间的相似度计算。借鉴刘群等[144]的研究工作,实词的概念通常包含基本义原、其他义原、关系义原和关系符号四类义原。假设概念C_1分别包含四类义原各$p_l(l=1,2,3,4)$个、概念C_2分别包含四类义原各$q_l(l=1,2,3,4)$个,概念C_1、C_2之间的相似度为:

$$sim(C_1,C_2) = \sum_{l=1}^{4} \left(\beta_l \times \max_{r=1,\cdots,p_l,\, t=1,\cdots,q_l} sim_l(s_r,s_t) \right) \quad (4.7)$$

其中,平滑参数组$\beta_l(l=1,2,3,4)$满足$\sum_{l=1}^{4}\beta_l=1$,表示不同类别义原对相似度计算的影响程度。

其三,词语相似度计算。两个词的相似度可以转化为词语所表示的多个概念之间的相似度计算。假设两个词W_1、W_2分别有m和n个概念,分别表示为:$W_1=\{c_{11},c_{12},\cdots,c_{1m}\}$,$W_2=\{c_{21},c_{22},\cdots,c_{2n}\}$。那么,$W_1$、$W_2$的相似度等于两个词所有两两概念对之间相似度的绝对值最大的一对概念对的值,表示如下:

$$sim(W_1,W_2) = \pm \max_{u=1,\cdots,m,\, v=1,\cdots,n} |sim(C_{1u},C_{2v})| \quad (4.8)$$

其四,词语情感倾向值计算。情感词多为名词、动词和形容词等实词,因此,本书主要考虑实词之间的相似度计算。借鉴刘群等[145]的研究工作,实词的义原可以分为基本义原、其他义原、关系义原和关系符号四类。

情感词的情感倾向值就是判断情感词的褒贬倾向程度,本章在朱嫣岚等[147]提出的 40 对褒贬基准词基础上进行改进,删掉部分概念相同的基准词,增加一些证券相关的基准词(表 4.5),共 43 个褒义基准词和 46 个贬义基准词。基准词都是具有非常明显且强烈的褒义(贬义)态度的词语,通过计算情感词与褒义(贬义)基准词组的相似度获得情感词的情感倾向值,计算公式表示为:

$$Orient(W) = \frac{1}{N_{pos}} \sum_{i=1}^{N_{pos}} sim(W, Wpos_i) - \frac{1}{N_{neg}} \sum_{j=1}^{N_{neg}} sim(W, Wneg_j) \quad (4.9)$$

其中,$Wpos_i (i=1, \cdots, Npos)$ 和 $Wneg_j (j=1, \cdots, Nneg)$ 分别表示第 i 个褒义基准词和第 j 个贬义基准词,$Npos$ 和 $Nneg$ 分别表示褒义基准词组和贬义基准词组的个数;$Orient(W)$ 取值在 $[-1,1]$,若 $Orient(W) > 0$,则词语 W 表示正面(褒义)态度,若 $Orient(W) < 0$,则词语 W 表示反面(贬义)态度。

表 4.5 褒贬义基准词列表

褒义基准词									
健康	安全	便宜	美丽	成熟	保险	卫生	天使	英雄	精选
快乐	权威	稳定	优秀	高级	精英	不错	最佳	幸福	容易
欢乐	文明	积极	著名	漂亮	完美	简单	和平	开通	真实
美好	牛	低估	好转	获益	启动	补贴	盈利	受益	高涨
有利	繁荣	红利							
贬义基准词									
不合作	黑客	疯狂	错误	事故	非法	失败	背后	麻烦	不良
病人	恶意	色情	暴力	黄色	浪费	落后	漏洞	愚人	讨厌
自负	不安	魔鬼	花样	变态	陷阱	不当	腐败	恶魔	失误
不合格	流氓	虚假	脆弱	下跌	亏损	不利	高估	熊	搁浅
恶化	诉讼	非法	抛售	底价	谷底				

4.3.5 构建投资者情绪指数

根据本章第 4.3 节建立的证券领域情感词典,我们先使用基于语义的极值累计方法依次计算句子级情感倾向值和文档级情感倾向值,再计算一定时期内的投资者情绪指数。

4.3.5.1 计算句子级情感倾向值

任一句子 S_s 分词并进行词性标注表示为:$S_s = \{w_1, w_2, \cdots, w_w\}$,句子

S_s 的情感倾向值 $Oten_s$ 的计算公式如下:

$$Oten_s = \frac{(-1)^{N_{deny}} \times \prod_{i=1}^{N_{degree}}(1+degree(Wdeg_i)) \times \sum_{j=1}^{N_{mood}} Orient(Wmood_j)}{(N_{deny}+N_{degree}+N_{mood})}$$

(4.10)

其中,$degree(Wdeg_i)$ 表示第 $i(i=0,1,\cdots,N_{degree})$ 个程度副词的修正值,$Orient(Wmood_j)$ 表示第 $j(j=0,1,\cdots,N_{mood})$ 个情感词的情感倾向值。句子中的否定副词、程度副词以及情感词的个数分别用 N_{deny}、N_{degree} 和 N_{mood} 表示。相应算法流程如下:

算法 2:getSentenceOrientValue(S_s)
输入:$S_s = \{W_1, W_2, \cdots, W_w\}$

  词性 POS 主要包括:Conj、Noun、Verb、Adj 和 Adv EmotionDict(情感词集合),DegreeDict(程度词集合),DenyDict(否定词集合)

foreach(W in Ss)
 if(W.POS is Conj)
  boolConj←true
  valueConjs←getOutValue(W)
 else if (W.POS is Noun,Verb,Adj or Adv)
  if (W ∈ EmotionDict)
   orientW←getOutValue(W)
   SumOrientWs←SumOrientWs+orientW
   Nmood←Nmood+1
  else if (W∈ DegreeDict)
   degreeW←getOutValue(W)
   AccumDegreeWs←AccumDegreeWs ×(1+ degreeW)
   Ndegree←Ndegree +1
  else if (W ∈DenyDict)
   Ndeny←Ndeny +1
  endif
 endif

endfor

$Oten_s$ ← computeSentenceOrientValue(SumOrientWs, Nmood, AccumDegreeWs, Ndegree, Ndeny, boolConj, valueConjs)

输出：$Oten_s$

4.3.5.2 计算文档级情感倾向值

假设社交媒体 UGC 只表达一个主题，文档级情感倾向值使用文档中所有句子的平均情感倾向值表示。假设文档 d 包含 N_{sen} 个句子，则文档 d 的情感倾向值 $Mten_m$ 的计算公式如下：

$$Odoc_d = \frac{Oten_1 \cdot \rho_1 + Oten_{N_{sen}} \cdot \rho_{N_{sen}} + \sum_{k=2}^{N_{sen}-1} Oten_{s_k} \cdot \rho_k}{N_{sen}} \quad (4.11)$$

其中，$Oten_{s_k}$ 表示第 $k=(k=1, 2, \cdots, N_{sen})$ 个句子的情感倾向值，ρ_k 表示第 k 个句子的位置权重，文档的首句和最后一句设置较高的权值，其余各句的权值相同。相应算法流程如下：

算法 3：getDocumentOrientValue(d_d)

输入：$d_d = \{s_1, s_2, \cdots, s_{N_{sen}}\}$

Foreach(S in d)
  Osten ← getSentenceOrientValue(S)
  if (S ∈ (firstSentence, lastSentence))
    ρ ← setP
    Osten ← Osten × ρ
  else
    ρ' ← setP
    Osten ← Osten × ρ'
  endif
  SumOrientSten ← Osten
endforeach
Orientdoc ← computeDocumentOrientValue(SumOrientSten, Nsen)

输出：Orientdoc

使用建立的已标注情感分类语料库测试基于语义的极性累计算法的有效

性检验。计算每个语料的情感倾向值,若 $OSMTen_t>0$,判断为看涨帖子;若 $OSMTen_t<0$,为看跌帖子;否则,为中性帖子。检验结果如表 4.6 所示。

表 4.6 情感分析算法分类有效性测试结果

项目	准确率	召回率	F 值
本书基于语义的算法	81.1%	81.7%	81.4%
多项式贝叶斯法	87.1%	87.6%	87.2%

本书的情感分析算法的平均分类正确率为 81.1%,是有效且切实可行的。后续研究工作仍需要对算法和情感词典进行改进以提高整体效果。

4.3.5.3 计算投资者情绪指数

根据文档级情感倾向值,我们可以计算不同时间周期的投资者情绪指数。为简便起见,本节假设时间周期为 T,计算 T 时间的投资者情绪指数。

1) 计算关注度指标

投资者情绪指数的关注度反映了投资者在 T 时间内对讨论对象的关注(重视)程度。崔亮[28]通过对论坛的帖子进行统计分析后发现,关注度高的帖子的点击量、回复量等统计信息量也高,而且帖子的点击量与回复量呈现显著的高度正相关。选取样本周期后,根据 T 时间内社交媒体 UGC 的统计信息,如发帖量、点击量或浏览量、回复量或评论量、转发量或分析次数等作为关注度指标。

2) 情感倾向值的计算

确定样本帖子后,根据式(4.11)计算的文档级情感倾向值,时间 T 内的情感倾向值的计算公式如下:

$$Bullish_t = \frac{\sum_{q=1}^{Num_t} Odoc_q}{Num_t} \quad (4.12)$$

其中,$Odoc_q$ 是第 $q(q=1,\cdots,Num_t)$ 条帖子的情感倾向值。$Bullish_t>0$,表示时间 T 内投资者对市场(总体)持乐观态度;$Bullish_t<0$,表示时间 T 内投资者对市场(总体)持悲观态度。$Bullish_t$ 的绝对值越大,表示投资者越乐观/悲观。

3) 意见分歧度的计算

根据式(4.11)计算的文档级情感倾向值,参考 Das 等[77]的研究工作,时间 T 内意见分歧度指标的计算方法具体如下:

$$Disag_t = \left|1 - \left|\frac{Num_{bull,t} - Num_{bear,t}}{Num_{bull,t} + Num_{bear,t}}\right|\right| \qquad (4.13)$$

其中，$Num_{bull,t}$和$Num_{bear,t}$分别表示时间T内情感倾向值为正数的帖子数量和情感倾向值为负数的帖子数量；$Disag_t$的取值范围从 0 到 1，0 表示投资者群体的意见保持高度一致，1 表示投资者群体的态度、想法出现严重分歧。

4.3.6 投资者情绪指数建立结果分析

为了分析投资者情绪指数的构建方法是否有效，我们使用 2011 年年初到 2012 年 2 月底期间新浪微博中"新浪证券""新浪财经""头条新闻""证券市场红周刊"和"证券市场周刊"这五个认证媒体机构用户的帖子和收到的用户评论帖子作为测试样本集，按照本章的社交媒体投资者情绪指数建立模型，计算投资者情绪指数的关注度、情感倾向值和意见分歧度三个指标，由于意见分歧度和情感倾向值都是根据第 4.3 节文档级情感倾向值计算，以下仅对投资者情绪指数的关注度、情感倾向值两个指标进行初步统计分析。

4.3.6.1 关注度

使用每天选定用户的发帖量和收到的评论数量之和作为关注度指标，日关注度最高为 9 933 条，最低为 407 条，平均日关注度约为 3 311 条。

进一步分析关注度在样本期间一天内不同时段的分布，图 4.2 描述出一天中每个小时的关注度水平。可以看到，08:00～09:00，10:00～11:00 和 12:00～24:00 这三个时间段的关注度水平较高。利用移动设备访问社交媒体的便利性，投资者不仅在上午开市前和收盘前这两个时间段关注和讨论最

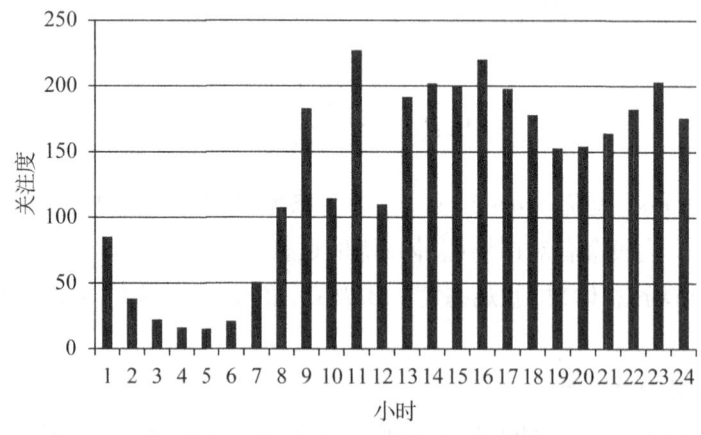

图 4.2 观测样本期间的日内平均关注度

新资讯和开盘走势,还可以在下午工作空闲时间,下午下班直到晚上休息前都可以高度关注市场当天走势和盘后点评等消息并参与讨论。因此,白天投资者对证券市场的关注度可能与证券市场走势之间存在点对点对应,而下午休市后投资者对证券市场的关注程度可能会影响第二天证券市场,在实证分析中不仅要分析关注度与证券市场的同期关系,还需要分析两者的领先—滞后关系。

4.3.6.2 情感倾向值

使用样本期间每天所有帖子的平均情感倾向值作为情感倾向值指标,情感倾向值最高为 0.104,最低为 −0.131,平均日情感倾向值为 −0.041,情感倾向值指标在样本期间大多数为负值,与上证指数 2011 年第一季度上涨而随后基本单边下跌,投资者情绪表现出先高后低的迹象相符。进一步分析样本期间情感倾向值与上证指数的走势,两者具有显著的同期弱相关,相关系数为 0.215。在图 4.3 的阴影区,上证指数与情感倾向值显示出同步振动上升(下降),初步说明情感倾向值与国内证券市场整体趋势有关。

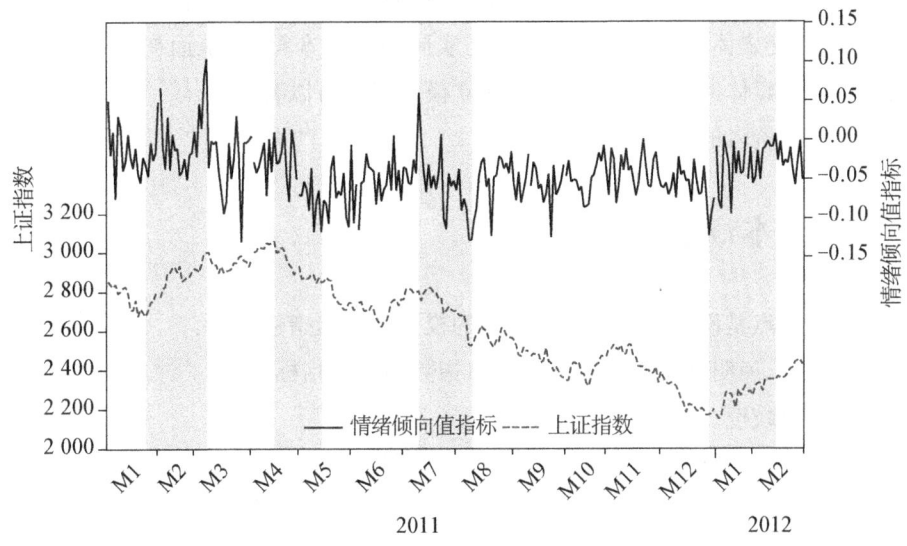

图 4.3 情感倾向值与上证指数在样本期间走势

分析情感倾向值在样本期间中交易时间内不同时段的分布,以 10 分钟为时间段,图 4.3 描述出每个交易日交易时间内平均 10 分钟的情感倾向值走势和收益率走势。除了收盘前 10 分钟外,情感倾向值与收益率基本同步上下波动,投资者的情绪变化在上、下午开盘后一段时间内都有所上涨,但在上、下午收盘前10分钟则会回落。由此可见,交易期间社交媒体的情感倾向值可能与证券市场收益之间存在联动,而休市后情感倾向值也可能影响下个交易日证券市场的交易活动。

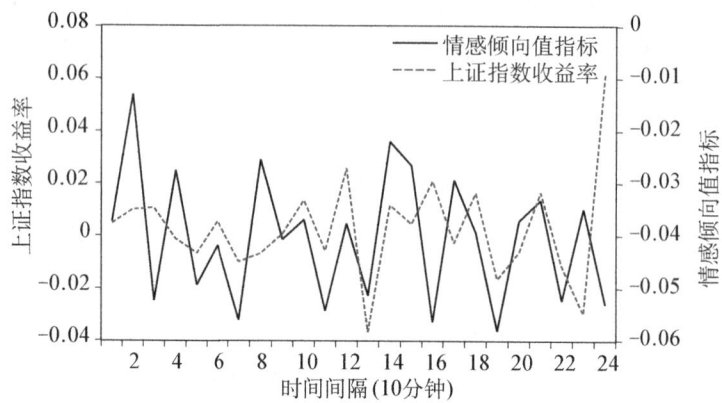

图 4.4　基于社交媒体的投资者情绪指数的构建框架

如图 4.4 所示,通过对不同时间段内关注度指标和情感倾向值指标进行分析发现,社交媒体的投资者情绪指数与实际情况基本符合,从而初步验证了本研究中社交媒体的投资者情绪指数建立模型确实可以有效地从社交媒体 UGC 中提炼出投资者的主观情绪信息。

4.4　本章小结

本章重点是设计和建立社交媒体的投资者情绪指数模型:

第一步,说明社交媒体投资者情绪指数的度量指标选择:关注度、情感倾向值和意见分歧度。

第二步,简要介绍信息采集的基本原理和使用的方法。

第三步,通过网页解析、分句、中文分词和词性标注等预处理工作,将非结构化文本转换为结构化文本,运用文本分类算法对数据进行垃圾信息过滤处理。

第四步,建立证券领域用于过滤无关内容的信息分类语料库、用于训练测试集的已标注情感语料库和用于情感分析算法的情感词典。

第五步,使用基于语义的极值累计方法计算文档级情感倾向值,使用统计方法计算一定时期内的投资者情绪指数。

第4章 基于文本分析的投资者情绪指数建立模型

本章最后初步检验了社交媒体的投资者情绪指数建立模型的有效性。后续章节将借助本章的社交媒体的投资者情绪指数建立模型计算获得社交媒体的投资者情绪指数，以此对社交媒体 UGC 与国内证券市场之间的关系展开分析。

第5章 新浪微博的投资者情绪对超短期市场波动性影响分析

根据混合分布假说,由于潜在的无法观察的信息流进入市场,金融资产的价格会随之变化[143]。如今,社交媒体的信息传播机制使得信息不仅在投资者之间快速传播,而且更有可能在极短的时间内融合到市场指数当中。本章利用新浪微博投资者情绪指数的两个度量指标:关注度和情感倾向值分别对信息流和情绪流进行代理,检验社交媒体信息流、情绪流对市场收益波动性的影响。

波动率是金融资产价格风险的重要度量指标,使用金融资产日收益率来计算金融资产的波动率必然会损失日内的市场信息,因此,本章使用超短期数据(即日内高频数据)重点研究社交媒体的有效信息对市场收益波动的影响。

在实证研究工作中,抽样频率越低,市场信息损失就越多;反之,抽样频率越高,获取的市场信息就越多。以往估计风险在计算资产的波动率时主要是使用资产日收益率,这必然会造成一定量的日内市场信息损失。随着计算机和信息技术的飞速发展,金融市场上各种资产的日内交易数据的获取变得越来越容易。日内数据即高频数据,通常是指在开盘时间和收盘时间之间进行抽样的交易数据,主要是以小时、分钟,甚至秒为抽样频率,按时间顺序排列的时间序列。研究人员通常根据需要,按照某一离散的固定时间间隔对实时交易数据进行采样,从而可以获得1分钟、5分钟、10分钟等间隔的交易数据,根据这些离散化的交易数据,可以得出离散时间收益率。

本书的离散时间收益率的计算公式如下:

$$rt = \frac{p_t - p_{t-\Delta}}{p_{t-\Delta}} \tag{5.1}$$

第5章 新浪微博的投资者情绪对超短期市场波动性影响分析

其中,p_t 表示 t 时刻的股票价格,$t=\Delta t$,$2\Delta t$,…,$n\Delta t$,Δt 表示离散的固定时间间隔,如 1 分钟、5 分钟、10 分钟等,样本数量 $n=T/\Delta t$(T 为给定的样本期,如一个交易日 4 小时)。

投资者通过市场信息可以迅速识别、理解和应对风险。微博作为时下最流行的社交媒体之一,不仅为投资者提供全面的免费财经资讯,提高大 V 用户快速解读信息并发布评论的效率,也更使得普通投资者可以发布自己对资讯的看法,而金融市场对信息的敏感性导致这类信息以病毒传播式的速度进行扩散。财经资讯和即时点评从发布到投资者手上的时间由过去的两三天到如今的两三个小时,甚至是二三十分钟。因此,社交媒体,尤其是实时交互的即时通信应用和平台(如微博、微信等),可以为短期、超短期风险评估和管理提供有价值的参考数据,而提供社交媒体的投资者情绪指数则是帮助投资者及时调整短期预期风险的一种理想方式[147],也是帮助金融中介机构和资产所有者提高金融市场风险评估水平的一种科学方式。

本章后续内容安排如下:第一部分介绍混合分布假说并提出本章的研究假设;第二部分讲述数据来源及处理,并给出描述统计信息;第三部分进行实证检验并对结果展开讨论;第四部分是对本章内容的总结。

5.1 混合分布假说及研究假设

混合分布假说(mixture of distribution hypothesis,MDH)在国外成熟金融市场上获得很多实证支持。Clark[149]认为,金融资产的价格变动和交易量变化都是由于潜在的无法观察的信息流进入市场,对市场产生冲击,从而引起了价格波动和交易量变化。Darolles[150]提出了一个动态扩展的 MDH 来解释信息流对市场特征的影响。Engle[107]和 Bollerslev[108]提出的(G)ARCH 模型族在捕捉价格波动的时变性和序列相关性,以及描述信息流进入市场等方面具有重要意义。Lamoureux 和 Lastrapes[151]利用 GARCH 模型对资产收益建模后认为,资产价格波动的条件方差持续性反映了信息流到达过程的时序性,为考虑信息流的影响,将成交量作为信息流的代理变量加入条件方差方程后,大部分观察到的波动持续性就会消失。

使用成交量作为信息流到达的代理变量存在一些局限性。首先,波动性和成交量往往是同时受信息流的影响的,成交量不应该作为外生变量来考虑[151]。其次,投资者出于流动性交易[151]和噪声交易[18],在没有信息流情况下

also会产生交易量。最后,私有信息[152]和"大单拆小单"[153]等人为因素的存在使得成交量可能滞后于信息流或者会忽略了一些有用信息。

Berry和Howe[155]使用一定时间间隔内路透社新闻服务的新闻稿数量来衡量公共信息流到达证券市场,但是他们没有找到公共信息到达与标准普尔500指数的波动率之间的关系。Mitchell和Mulherin[156]利用道琼斯公司每日发布的公告数量衡量公共信息的到达,他们找到新闻数量和价格波动之间存在微弱的直接关系。Ryan和Taffler[157]发现,伦敦证券交易所最大的350家上市公司的有关新闻报道可以引起伦敦证券交易所股指波动率和交易量的大幅度变化。Kalev等[158]对日内信息流到达和波动率之间的关系进行研究后发现,信息流对条件波动率有正向影响,并可以大大减少波动率的持久性。

投资者情绪对股市的收益波动性的影响效应已经被大量的研究所证实[5,12,23,26]。Frijns等[159]研究发现,股票的收益波动主要受投资者情绪驱动。王美今和孙建军[114]研究认为,投资者情绪变化显著反向修正沪深两市收益波动。宋丹[5]的研究结果则表明只有在股市处于下跌时期,投资者情绪变化反向修正收益波动的结论才能满足,而且并不显著。社交媒体在飞速传播信息的同时,用户的情绪和想法也随之快速扩散,情绪信息同样会对投资者的投资决策产生影响,从而对证券市场日内市场收益和市场波动性产生影响。Sabherwal等[78]使用朴素贝叶斯分类器对TheLion.com论坛内容进行情感分类,发现情绪的绝对值与当天及第二天的日内收益波动率呈负相关。

根据上述实证研究结果,参考Lamoureux和Lastrapes[151]和Kalev等[158]的研究工作,本章利用新浪微博投资者情绪指数的关注度指标作为信息流的代理变量,投资者情绪指数情感倾向值指标作为情绪流的代理变量,运用GARCH模型研究投资者情绪指数对日内市场收益波动的影响效应,并提出以下假设:

假设1a:社交媒体的信息流到达市场与市场波动性相关。

假设1b:关注度的上升与市场收益波动的加剧存在正向相关性。

假设2a:社交媒体的情绪流到达市场与市场波动性相关。

假设2b:情感倾向值指标的上升与市场收益波动之间存在负向相关性,即乐观情绪缓和市场收益波动,悲观情绪加剧市场收益波动。

5.2 实证数据

5.2.1 上证综合指数日内数据

本章使用上证综合指数(以下简称"上证综指")的日内数据作为样本数据,包括每10分钟的当前指数价格及交易成交量,样本区间从2011年1月1日到2012年2月29日,国内证券市场交易时间是工作日的上午09:30～11:30,下午1:00～3:00,数据取样频率分别为10分钟、20分钟、30分钟、60分钟、120分钟和1日。日内数据使用通达信交易软件下载并整理获得。

设 P_t 是 t 时刻的股指指数,则 t 时刻的收益率的计算公式为:

$$R_t = \frac{P_t - P_{t-1}}{P_{t-1}} \tag{5.2}$$

其中,每日上午9:30的开盘指数使用前一工作日的收盘指数代替,每日下午1:00的开盘指数使用上午11:30的收盘指数代替。

5.2.2 新浪微博日内数据

5.2.2.1 数据获取思路及方法

本章使用的社交媒体数据来自新浪微博。由于新浪微博开放平台提供的API在读取微博帖子时有很多局限,如话题读取接口只能获取最近1小时(天、周)的热门话题,仅允许经过授权后的高级搜索接口才可以搜索话题关键字,微博读取接口只能获取指定用户的微博等,以"搜索—读取"的方式获取样本区间中有关证券市场的话题帖子很难实现。因此,本书实验中需要先选定若干微博用户,再通过微博读取接口和评论读取接口分别获取选定用户的微博列表和每条微博帖子的评论列表。

新浪微博作为国内使用最广泛的微博之一,在很多方面与国外Twitter不同。首先,Twitter的用户大多关注时事新闻,而新浪微博的用户比较喜欢关注休闲娱乐方面的话题[159]。因此,本书需要先将用户范围限定在与财经、证券相关的用户群体中。

其次,微博信息的转发数量受微博信息源的可信赖程度、专业程度、吸引程度,以及多媒体使用量影响[160]。与普通用户相比,认证机构用户具有更高的可信赖程度和专业程度,除了提供实时盘中走势和最新资讯,还会分享来自不同渠道的相关信息,是微博类社交网络中的重要的信息转发中心[160]。因此,认证机构用户会受到更多市场参与者的关注,所发布的帖子也会收到大量的评论。

最后,用户在浏览帖子内容时,若发现帖子内容对朋友或他人具有一定价值时,往往会原帖转发;而对于可能涉及自身利益的重要帖子,用户则倾向于发表评论参与讨论,一方面表达自己的看法,期望得到他人的认可,另一方面期望获得更多信息和他人的建议。因此,微博的评论帖子很有可能流露着用户的真实想法和态度。

本书从财经证券相关的用户群体中,依据截至 2011 年 11 月的统计数据,发现在当时发布超过 1 万条微博和拥有 10 万个"粉丝"的认证机构用户并不多,本书认为这些认证机构在投资者中是具有一定的影响力和代表性的。由于其中有个别用户在样本区间内出现了超过 2 个月没有发帖的情况,在排除了这些用户后,剩余五个认证媒体机构用户:新浪证券、新浪财经、头条新闻、证券市场红周刊和证券市场周刊。本书选定这五个用户作为信息采集的数据来源。

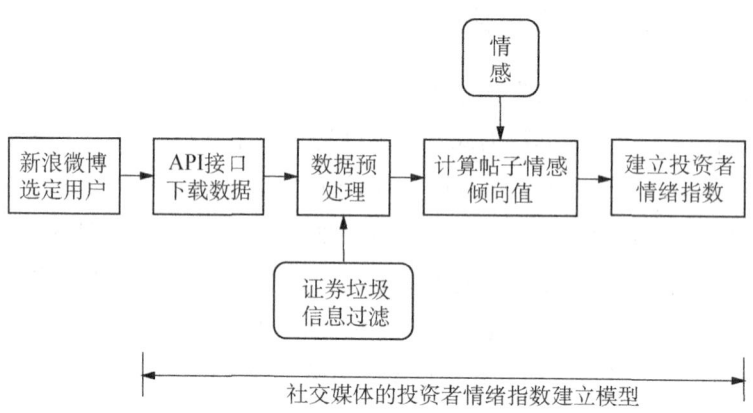

图 5.1 基于新浪微博的投资者情绪指数构建示意图

选定用户后,本书使用第 4 章的社交媒体的投资者情绪指数建立模型计算新浪微博的投资者情绪指数。首先根据这五个用户的微博帖子列表及相应的评论列表采集帖子数据,对帖子数据进行预处理,其次再利用第 4 章第 4.3 节中证券垃圾信息过滤模型进行垃圾信息过滤,最后使用第 4 章的第 4.3 节的式(4.11)计算每个帖子的情感倾向值,该处理过程可见图 5.1。从 2011 年 1 月

第5章　新浪微博的投资者情绪对超短期市场波动性影响分析

1日到2012年2月29日,本章一共收集了66 317条微博和1 207 693条评论作为社交媒体样本数据。

5.2.2.2　建立投资者情绪指数

本章根据第4章第4.3节的方法计算和建立每日投资者情绪指数。

1) 关注度

第t期投资者情绪指数的关注度(Num_t),使用选定用户在第t个10分钟内的发布的新帖和收到的评论帖的总和来表示,反映了投资者对证券市场的关注程度,在本章也作为社交媒体的信息流的代理变量,反映第t期新浪微博信息流的到达情况。

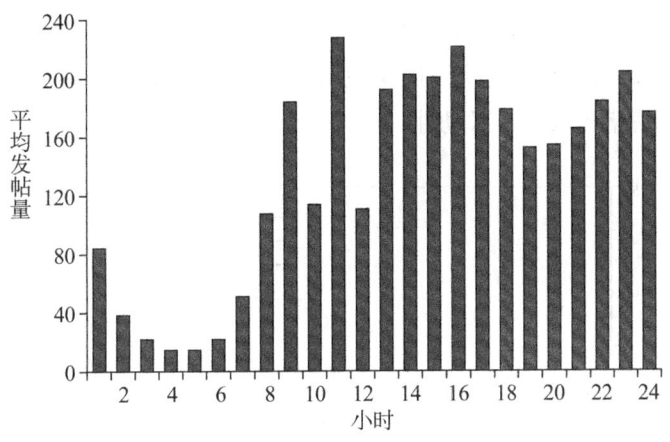

图5.2　新浪微博日内平均发帖量

图5.2显示了样本区间新浪微博的日内每小时的平均发帖量。在非交易时间段内(下午15:00至第二天上午9:30)发帖量远远大于交易时间段的发帖量,为了不丢失隔夜信息且避免关注度的大幅度波动,本章将非交易时间段的平均发帖量加入次日开盘后第一个10分钟的发帖量之中,作为次日第一个关注度指标数据。

2) 情感倾向值

第t期投资者情绪指数的情感倾向值($Bullish_t$),使用选定用户在第t个10分钟内的发布的新帖和收到的评论帖的平均情感倾向值表示,在本章也作为社交媒体伴随信息流到达市场的情绪流的代理变量,反映第t期新浪微博的情绪流到达情况。计算方法如下:

$$Bullish_t = \frac{\sum_{q=1}^{Num_t} Odoc_q}{Num_t} \tag{5.3}$$

其中,$Mbullish_q$ 是第 t 期内第 m 条微博(评论)帖子的情感倾向值。$Bullish_t>0$,表示第 t 期投资者对后市持乐观态度;相反,$Bullish_t<0$,表示第 t 期投资者对后市持悲观态度。$Bullish_t$ 绝对值越大,表示乐观(悲观)情绪越高涨(低落)。

本章重点考察社交媒体中信息流到达对超短期收益波动的影响,因此,仅使用关注度指标代表直观的相对客观信息流到达,使用情感倾向值指标代表不可见的主观信息流到达,未使用意见分歧度指标。

上证指数收益率和投资者情绪指数(关注度和情感倾向值)在样本区间的交易时间内(24 个 10 分钟段)的平均走势如图 5.3 所示。可以看出,股指收益率和投资者情绪指数具有联动性。

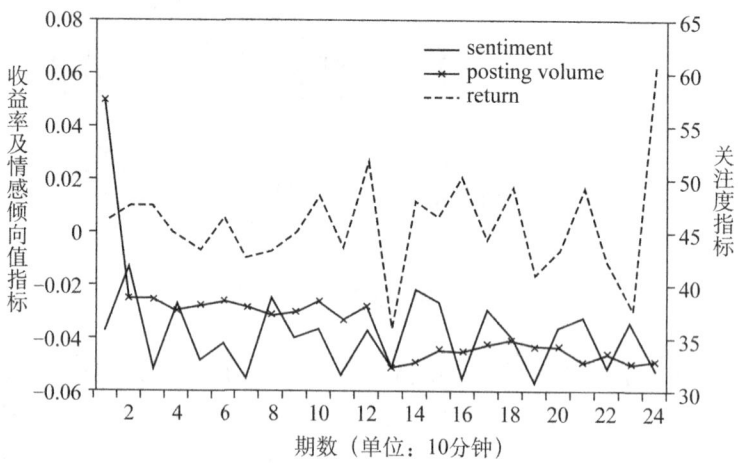

图 5.3 股指收益率和投资者情绪指数的日内平均走势

5.2.3 投资者情绪与市场收益的描述性分析

表 5.1 列出所有变量的统计描述信息,上证指数收益、投资者情绪指数的日内不同周期数据的尖峰特征都较其日数据显著,所有数据变量都呈现大小不等的左(右)偏特征,表明全部数据样本都表现出非正态性。此外,在同样的时间单位水平上,市场收益率的波动幅度要大于投资者情绪指数的波动幅度。

第5章 新浪微博的投资者情绪对超短期市场波动性影响分析

表5.1 变量的描述性统计信息

项目	10分钟			20分钟			30分钟		
	R_t	$Bullish_t$	Num_t	R_t	$Bullish_t$	Num_t	R_t	$Bullish_t$	Num_t
平均值	0.003	−0.04	36.436	0.006	−0.0413	72.872	0.008	−0.041	109.309
标准差	0.197	0.167	20.825	0.279	0.122	39.263	0.345	0.102	57.085
偏度	0.235	0.105	1.210	0.178	0.281	1.136	0.306	0.359	1.041
峰度	4.693	7.171	8.287	4.862	8.577	8.778	4.617	6.037	8.000
观察数	6 720	6 720	6 720	3 360	3 360	3 360	2 240	2 240	2 240

项目	60分钟			120分钟			1工作日		
	R_t	$Bullish_t$	Num_t	R_t	$Bullish_t$	Num_t	R_t	$Bullish_t$	Num_t
平均值	0.017	−0.041	218.618	0.034	−0.041	437.235	−0.045	−0.041	3 311.471
标准差	0.5	0.076	109.241	0.755	0.055	209.587	1.188	0.036	1 476.481
偏度	0.305	0.18	1.022	0.193	−0.144	0.878	−0.004	0.296	0.323
峰度	4.829	6.961	8.804	4.378	5.442	7.543	3.76	4.223	3.223
观察数	1 120	1 120	1 120	560	560	560	280	280	280

5.3 实证分析与结果

5.3.1 GARCH 模型的建立

由于(G)ARCH 模型族能很好地刻画金融资产波动性和描述条件异方差结构,该模型族可以说是当今金融领域使用最普遍的描述资产收益波动的一类模型。本章使用 GARCH(1,1)模型按以下公式对上证收益进行建模:

$$r_t = \mu_1 + \varepsilon_t, \varepsilon_t \mid \Omega_{t-1} \sim N(0, \sigma_t^2) \tag{5.4}$$

$$\sigma_t^2 = \mu_2 + \alpha \varepsilon_{t-1}^2 + \beta \sigma_{t-1}^2 \tag{5.5}$$

其中,在式(5.4)条件均值方程中,r_t 是 t 期的上收益;μ_1 是常量;收益残差 ε_t 服从均值是 0、方差是 σ_t^2 的标准正态分布。在式(5.5)条件方差方程中,σ_t^2 是 ε_t 的条件方差,$\alpha(\alpha>0)$ 和 $\beta(\beta>0)$ 反映了当前波动依赖于过去波动水平,$\alpha+\beta$ 表示波动持续性。

首先,使用关注度(Num_t)作为外生变量加入式(5.5)条件方差方程中,考察社交媒体信息流对市场收益波动的影响,表示为:

$$\sigma_t^2 = \mu_2 + \alpha \varepsilon_{t-1}^2 + \beta \sigma_{t-1}^2 + \lambda Num_t \tag{5.6}$$

参数 λ 的显著性和波动持续性($\alpha+\beta$)的减少可以说明在条件异方差存在的情况下,关注度指标是否会影响收益率的波动。参数 λ 的取值可以表明关注度指标对上证收益的波动带来何种影响。

其次,使用情感倾向值($Bullish_t$)作为外生变量加入式(5.5)条件方差方程中,考察社交媒体情绪流对市场收益波动的影响,表示为:

$$\sigma_t^2 = \mu_2 + \alpha \varepsilon_{t-1}^2 + \beta \sigma_{t-1}^2 + \lambda Bullish_t \tag{5.7}$$

此时,参数 λ 的显著性和波动持续性($\alpha+\beta$)的减少说明在条件异方差存在的情况下,情感倾向值指标是否会影响收益率的波动。参数 λ 的取值表明情感倾向值指标对上证收益的波动带来何种影响。

为了保证实证结果具有鲁棒性,本章通过加入两个可能影响收益率波动性的控制变量来检验社交媒体的信息流、情绪流对市场收益波动影响的稳定性。在每个交易日开盘期间通常都会出现大幅度的股指波动,因此,在式(5.5)条件方差方程中增加一个虚拟变量(D_t)表示每个交易日开盘第 1 个时间 t,表示

第5章　新浪微博的投资者情绪对超短期市场波动性影响分析

如下：

$$\sigma_t^2 = \mu_2 + \alpha\varepsilon_{t-1}^2 + \beta\sigma_{t-1}^2 + \lambda Num_t + \phi_1 D_t \tag{5.8}$$

$$\sigma_t^2 = \mu_2 + \alpha\varepsilon_{t-1}^2 + \beta\sigma_{t-1}^2 + \lambda Bullish_t + \phi_1 D_t \tag{5.9}$$

通过回归检验参数 ϕ_1 的统计显著性，若具有显著性则表示存在开盘效应。

另外，社交媒体不可能覆盖所有的公开信息和私有信息，而这些消息可能会通过交易量融入市场价格。因此，在式(5.5)条件方差方程中增加前一期的交易成交量(VLM_{t-1})进行控制。表示如下：

$$\sigma_t^2 = \mu_2 + \alpha\varepsilon_{t-1}^2 + \beta\sigma_{t-1}^2 + \lambda Num_t + \phi_2 VLM_{t-1} \tag{5.10}$$

$$\sigma_t^2 = \mu_2 + \alpha\varepsilon_{t-1}^2 + \beta\sigma_{t-1}^2 + \lambda Bullish_t + \phi_2 VLM_{t-1} \tag{5.11}$$

通过回归检验参数 ϕ_2 的统计显著性，若具有显著性则表示前一期成交量对市场收益波动有影响，成交量包含了一些能影响市场收益波动的有效信息。

5.3.2　投资者情绪指数与市场收益率的自相关性分析

表5.2是上证指数收益率和新浪微博的投资者情绪指数的 Ljung－Box 序列相关性检验结果。对某一变量进行 Ljung－Box 序列相关性检验，若 Ljung－Box Q 统计量在某一滞后阶数显著不为0，则说明该序列存在某种程度上的序列相关。本书检查所有变量滞后36阶的 Ljung－Box Q 统计量，从表5.2的检验结果可以看出，关注度和情感倾向值在所有分析时间周期内都存在序列相关。而上证指数10分钟收益率、20分钟收益率、30分钟和60分钟收益率呈现序列相关，120分钟收益率和日收益率不存在序列相关。因此，本章在后续分析中对上证指数10分钟、20分钟、30分钟和60分钟收益率使用 GARCH(1,1)建立模型。

上证指数120分钟收益样本序列的序列相关性并不是在所有滞后阶数上都显著，而日收益率样本序列不存在序列相关，因此，对这两个收益率时间序列进行最小二乘法线性回归分析，结果见表5.3。可以看出，使用 ARMA(1,1)模型对120分钟收益率建模，模型残差已经通过白噪声检验，因此，后续分析在检验120分钟收益波动率时，使用 ARMA(1,1)模型残差的平方表示120分钟收益波动率。使用日收益率建立的线性回归模型中，模型残差通过白噪声检验，因此，后续分析使用日收益率的平方表示日收益波动率。

表 5.2 变量的自相关性分析结果

滞后阶数	10分钟			20分钟			30分钟		
	R_t	$Bullish_t$	Num_t	R_t	$Bullish_t$	Num_t	R_t	$Bullish_t$	Num_t
1	0	0.126***	0.735***	0.042**	0.170***	0.752***	0.034	0.202***	0.756***
2	0.015	0.071***	0.663***	0.014***	0.138***	0.679***	0.042***	0.123***	0.655***
12	0.032**	0.033***	0.441***	-0.012**	0.022***	0.487***	0.031***	0.096***	0.377***
24	-0.009***	0.010***	0.454***	0.003	0.019***	0.414***	-0.024***	0.023***	0.359***
36	0.002***	0.041***	0.308***	-0.023***	0.008***	0.344***	0.012***	0.028***	0.318***

滞后阶数	60分钟			120分钟			1工作日		
	R_t	$Bullish_t$	Num_t	R_t	$Bullish_t$	Num_t	R_t	$Bullish_t$	Num_t
1	0.071**	0.187***	0.724***	0.051	0.165***	0.634***	-0.058	0.374***	0.678***
2	0.016	0.117***	0.587***	-0.084*	0.161***	0.585***	0.009	0.319***	0.600***
12	-0.048***	0.044***	0.382***	-0.035	-0.007***	0.455***	-0.025	0.202***	0.424***
24	-0.055***	-0.010***	0.426***	0.021*	0.046***	0.377***	-0.038	0.056***	0.443***
36	0.008***	0.029***	0.357***	0.039	0.050***	0.371***	0.047	0.107***	0.313***

注：***、**和*表示相应Q统计量的显著性水平分别为1%、5%和10%。

表 5.3 上证指数120分钟收益率和日收益率的线性回归模型检验

项目		参数估计			模型诊断			
变量	模型	c	AR(1)	MA(1)	AIC	SC	Q(36)	ARCH LM(1)
120分钟收益	ARMA(1,1)	0.034	-0.831***	0.904***	2.266	2.289	36.937	0.564
每日收益	I.I.D	-0.045			3.187	3.200	28.142	0.578

注：***、**和*表示相应Q统计量的显著性水平分别为1%、5%和10%。

5.3.3 投资者情绪指数与市场收益率的平稳性分析

时间序列的平稳性检验是分析时间序列的一个必要且重要的步骤。本书使用 Phillips-Perron(PP)单位根检验方法对所有变量进行平稳性分析。表 5.4 的分析结果表明所有数据样本序列在 0.1% 显著性水平下都是平稳时间序列。

表 5.4 所有变量单位根检验结果

项目	10 分钟	20 分钟	30 分钟	60 分钟	120 分钟	1 日
R_t	−82.294	−55.796	−45.892	−31.105	−22.402	−17.680
$Bullish_t$	−92.257	−62.203	−48.431	−32.024	−19.585	−7.603
Num_t	−17.177	−7.768	−8.113	−5.097	−3.681	−8.581^c

注：表5.4主要采用不带截距项和趋势项的检测方法，相应的1%、5%和10%显著性水平的临界值为−2.565、−1.941 和−1.617。表格中带有上标"c"的数据表示采用了带截距项的检测方法，相应的1%、5%和10%显著性水平的临界值为−3.442、−2.867 和−2.570。

5.3.4 新浪微博信息流到达对市场收益波动的影响

使用新浪微博的投资者情绪指数的关注度指标作为社交媒体信息流到达的代理变量，本书发现社交媒体信息流的到达对上证指数收益的条件波动具有正向影响。使用 GARCH(1,1) 模型对上证指数收益建模，将关注度加入模型的条件方差方程并进行分析。表 5.5 是不同周期的上证日内收益模型的描述数据。从表 5.5 的检验结果可以看出：

(1) 在包含关注度(Num_t)的模型中，关注度的系数在 1% 显著性水平下都显著大于 0，波动持续水平($\alpha+\beta$)有少许下降。AIC 和 SC 两个准则统计量都出现下降，说明了加入关注度有助于提高模型整体拟合程度，社交媒体信息流有助于解释上证指数收益波动，关注度上升会引起上证指数收益波动的加剧（此结论支持假设 1a 和假设 1b）。

(2) α 和 β 仍然显著大于 0，表明 GARCH 效应依然存在，本书认为可能是由于新浪微博并不包含所有私有信息所致。随着时间周期的加长（从上证 10 分钟收益模型到上证 20 分钟收益模型，再到上证 30 分钟收益模型），波动持续性逐渐减弱，上证 60 分钟收益模型中波动持续性消失，以及表 5.2 中关注度的强自相关性，足以支持社交媒体信息流的到达对上证指数日内收益波动存在显著影响（此结论支持假设 1a）。

为了检验以上结论的稳定性,本章进行以下稳定性检验:

首先,使用 GARCH(1,1)模型分别建立上证 20 分钟收益模型、30 分钟收益模型和上证 60 分钟收益模型,表 5.5 Panel B、Panel C 和 Panel D 的模型描述数据表明上述结论是稳定的,在不同周期的上证指数收益模型中,关注度的系数(λ)在 1% 显著性水平下均显著大于 0。此外,从表 5.6 Panel A 的上证 120 分钟收益模型的线性回归分析结果可知,关注度显著地正向影响上证指数 120 分钟收益波动率,而对上证指数日收益波动率的影响则消失。本书认为,由于社交媒体信息流在较短时间内已经融入上证指数当中,社交媒体信息流的到达仅对上证日内收益波动有显著的正向影响。

其次,通常每个交易日开盘后一段时间内市场指数会出现异常波动,为了检验关注度指标并非仅在开盘期间影响市场收益波动,本书在条件方差方程中加入控制变量 D_t,用以表示开盘后第 1 期,结果见表 5.5 和表 5.6。加入控制变量后,各个时间周期的上证日内收益波动率依然受到关注度指标的显著正向影响。

最后,社交媒体并不可能包含所有的私有信息,本章在式(5.4)条件方差方程中加入前一期成交量 VLM_{t-1},检验结果见表 5.5 和表 5.6 Panel A。在加入前一期成交量后,关注度指标对各个时间周期的上证日内收益波动率的正向影响在 1% 显著性水平下依然是显著的。

由此可见,在考虑了开盘效应和前一期成交量所包含的信息量情况下,投资者情绪指数的关注度指标对上证收益波动率的正向影响依然显著,此结论是具有稳定性的。它表明,随着社交媒体信息流到达证券市场,上证指数的日内收益波动随之变化。

5.3.5 新浪微博的情绪流到达对市场收益波动的影响

使用新浪微博的投资者情绪指数的情感倾向值指标作为社交媒体情绪流到达的代理变量,本书发现,社交媒体的情绪流到达对上证收益的条件波动具有反向影响。使用 GARCH(1,1)模型对上证指数收益建立模型,将情感倾向值指标加入模型的条件方差方程并进行分析。表 5.7 是不同时间周期的上证日内收益模型的描述数据。从表 5.7 的检验结果可以看出:

(1) 加入情感倾向值($Bullish_t$)到条件方差方程后,情感倾向值的系数在 1% 显著性水平下都显著小于 0,波动持续水平($\alpha+\beta$)只有少许下降。但 AIC

第5章 新浪微博的投资者情绪对超短期市场波动性影响分析

表5.5 关注度对上证指数日内收益波动率的影响——基于GARCH(1, 1)模型

项目	μ_1	μ_2	α	β	$\alpha+\beta$	λ	ϕ_1	ϕ_2	AIC	SC	Q(36)	ARCH LM(1)
Panel A: 10分钟												
无 Num_t	0.002	0.003***	0.076***	0.840***	0.916				−0.466	−0.462	58.457**	0.974
带有 Num_t	0.002	0.003***	0.080***	0.814***	0.894	2.60e-5***			−0.468	−0.463	59.328***	2.109
带有 Num_t 和 D_t	0.003	0.002***	0.085***	0.799***	0.884	2.68e-5***	0.030***		−0.496	−0.489	65.671***	3.522*
带有 Num_t 和 VLM_{t-1}	0.002	0.003***	0.088***	0.774***	0.862	4.66e-5***		2.30e-7	−0.469	−0.463	60.717***	3.739*
Panel B: 20分钟												
无 Num_t	0.003	0.017***	0.131***	0.651***	0.782				0.237	0.244	49.469*	0.003
带有 Num_t	0.003	0.018***	0.143***	0.516***	0.659	1.16e-4***			0.231	0.240	49.463*	0.210
带有 Num_t 和 D_t	0.004	0.011***	0.136***	0.593***	0.729	8.19e-5***	0.048***		0.213	0.225	51.412*	0.000
带有 Num_t 和 VLM_{t-1}	0.002	0.016***	0.145***	0.480***	0.625	1.43e-4***		3.52e-7*	0.230	0.241	50.051*	0.382
Panel C: 30分钟												
无 Num_t	0.007	0.021***	0.097***	0.727***	0.824				0.676	0.686	60.487***	0.233
带有 Num_t	0.006	0.031***	0.118***	0.507***	0.625	1.23e-4***			0.671	0.684	60.146***	0.184

续 表

项目	参数估计								模型诊断			
	μ_1	μ_2	α	β	$\alpha+\beta$	λ	ϕ_1	ϕ_2	AIC	SC	Q(36)	ARCH LM(1)
带有 Num_t 和 D_t	0.007	0.012**	0.101***	0.674***	0.775	6.85e-5***	0.060***		0.658	0.673	59.993***	0.060
带有 Num_t 和 VLM_{t-1}	0.007	0.027***	0.101***	0.664***	0.765	4.86e-5**		−4.26e-7*	0.671	0.686	57.924***	0.036
Panel D: 60 分钟												
无 Num_t	0.018	0.015**	0.023**	0.916***	0.939				1.449	1.467	64.392***	1.613
带有 Num_t	0.015	0.188***	0.075***	−0.222		4.45e-4***			1.432	4.454	65.153***	0.066
带有 Num_t 和 D_t	0.015	0.182***	0.076***	−0.193		4.34e-4***	0.005		1.434	1.461	65.028***	0.083
带有 Num_t 和 VLM_{t-1}	0.015	0.027***	0.011*	0.950***	0.961	−3.56e-5***		3.83e-7***	1.434	1.461	62.164***	2.817*

注：表 5.5 中使用的 GARCH(1, 1) 模型为：
条件均值方程：$r_t = \mu_1 + \varepsilon_t$，条件方差方程：$\sigma_t^2 = \mu_2 + \alpha\varepsilon_{t-1}^2 + \beta\sigma_{t-1}^2 + \lambda Num_t + \phi_1 D_t$，或 $\sigma_t^2 = \mu_2 + \alpha\varepsilon_{t-1}^2 + \beta\sigma_{t-1}^2 + \lambda Num_t + \phi_2 VLM_{t-1}$。
其中，r_t 是 t 期市场收益率，μ_1 和 μ_2 是常量，ε_t 是收益残差，σ_t^2 是 ε_t 的方差，控制变量 D_t 表示是否是每交易日开盘第一个时间 t，VLM_{t-1} 是前一期交易成交量。Q(36) 是模型残差序列相关性检验的 Ljung-BoxQ 统计量。ARCHLM(1) 是模型 ARCH 效应检验的 ARCH-LM 检验统计量。***、** 和 * 表示显著性水平分别为 1%、5% 和 10%。

表 5.6 关注度对上证指数 120 分钟收益波动率、日收益波动率的影响——基于线性回归模型

项目	参数估计				模型诊断			
	μ	λ	ϕ_1	ϕ_2	AIC	SC	Q(36)	ARCH LM(1)
Panel A:120 分钟								
无 Num_t	0.558***				2.946	2.954	38.086	0.153
带有 Num_t	0.274***	0.001***			2.933	2.949	37.934	0.125
带有 Num_t 和 D_t	0.334***	0.001***	−0.087		2.935	2.958	37.750	0.127
带有 Num_t 和 VLM_{t-1}	0.587***	4.34e−4*		−4.61e−6*	2.930	2.954	38.613	0.116
Panel B:1 日								
无 Num_t	1.409***				4.546	4.559	43.958	0.009
带有 Num_t	1.348***	1.85e−5			4.553	4.579	43.476	0.010
带有 Num_t 和 VLM_{t-1}	3.700***	−1.35e−4		−2.14e−6***	4.505	4.544	46.246	0.003

注:表 5.6 中使用的 OLS 模型为:

$$vol_t = \mu + \lambda Num_t + \phi_1 D_t + \varepsilon_t \text{ 或 } vol_t = \mu + \lambda Num_t + \phi_2 VLM_{t-1} + \varepsilon_t$$

其中,vol_t 是 t 期市场收益波动率,μ 是常量,ε_t 是收益残差,控制变量 D_t 表示是否是每交易日开盘第一个时间 t,VLM_{t-1} 是前一期交易成交量。ARCH LM(1) 是模型残差序列相关性检验的 Ljung−BoxQ 统计量。Q(36) 是模型残差序列 ARCH 效应检验的 ARCH−LM 检验统计量。***、** 和 * 表示显著性水平分别为 1%、5% 和 10%。

和 SC 两个准则都出现下降,说明了加入情感倾向值指标仍然有助于提高模型整体拟合程度(此结论支持假设 2a 和假设 2b)。社交媒体情绪随着信息流到达市场,乐观情绪有助于缓解上证指数收益波动,悲观情绪则将加剧上证指数收益波动。

(2) α 和 β 仍然显著大于 0,表明 GARCH 效应依然存在,与关注度结论一致,新浪微博的情绪信息并不完全包含所有私有信息。但是,随着时间间隔的加大(从上证 10 分钟收益模型到上证 20 分钟收益模型,再到上证 30 分钟收益模型),波动持续性逐渐减弱,上证 60 分钟收益模型中波动持续性消失,再加上表 5.2 中情感倾向值指标的强自相关,可以得出结论:投资者情绪指数的情感倾向值指标对上证日内收益波动率具有显著影响,此结论与研究假设 2a 相一致。

为了检验以上结论的稳定性,本章进行以下稳定性检验:

首先,使用 GARCH(1,1)模型分别建立上证 20 分钟收益模型、30 分钟收益模型和上证 60 分钟收益模型,表 5.7 Panel B、Panel C 和 Panel D 的实证结果表明上述结论是稳定的,在不同时间周期的上证指数收益模型中,情感倾向值的系数{λ}在 1% 显著性水平下均显著小于 0。从表 5.8 的线性回归分析结果可知,上证指数 120 分钟收益波动率及日收益波动率的线性回归模型中,情感倾向值的影响均已消失,不再对上证指数收益波动产生影响。本书认为,其中一个可能原因是社交媒体的情绪信息在较短时间内已经融入上证指数当中,新浪微博的情绪流仅对 1 小时内的上证收益波动有显著的反向影响。

其次,与关注度的稳定性检验类似,考察社交媒体的情绪流是否仅在开盘期间显著有效,在条件方差方程中加入控制变量 D_t,用以表示开盘后第 1 期,结果见表 5.7 和表 5.8。加入控制变量后,上证 20 分钟收益波动率、30 分钟波动率和 60 分钟波动率仍然显著地受到情感倾向值的负向影响。

最后,考察社交媒体的情绪流在控制成交量所包含的有用信息后是否对上证收益波动仍有影响。在条件方差方程中加入前一期成交量 VLM_{t-1},检验结果见表 5.7 和表 5.8。在加入前一期成交量后,情感倾向值对上证 20 分钟收益波动率、30 分钟波动率和 60 分钟波动率的负向影响在 1% 显著性水平下依然显著。

第5章 新浪微博的投资者情绪对超短期市场波动性影响分析

表 5.7 情感倾向值对上证指数日内收益波动率的影响——基于 GARCH(1, 1) 模型

项目	参数估计							模型诊断			
	μ_1	μ_2	α	β	$\alpha+\beta$	λ	Φ_1	Φ_2	AIC	SC	Q(36)	ARCH LM(1)
Panel A: 10 分钟间隔												
无 $Bullish_t$	0.002	0.003***	0.076***	0.840***	0.916				−0.466	−0.462	58.457**	0.974
带有 $Bullish_t$	0.002	0.003***	0.074***	0.843***	0.917	−0.004***			−0.467	−0.462	58.227***	1.084
带有 $Bullish_t$ 和 D_t	0.003	0.003***	0.085***	0.806***	0.891	−0.003***	0.030***		−0.494	−0.488	64.664***	2.771*
带有 $Bullish_t$ 和 VLM_{t-1}	0.002	0.003***	0.075***	0.839***	0.914	−0.004***		9.32e-9	−0.467	−0.461	58.329***	1.112
Panel B: 20 分钟间隔												
无 $Bullish_t$	0.003	0.017***	0.131***	0.651***	0.782				0.237	0.244	49.469*	0.003
带有 $Bullish_t$	0.004	0.015***	0.125***	0.665***	0.79	−0.023***			0.236	0.245	48.840***	0.001
带有 $Bullish_t$ 和 D_t	0.004	0.012***	0.129***	0.660***	0.789	−0.016***	0.048***		0.218	0.229	51.393***	0.031
带有 $Bullish_t$ 和 VLM_{t-1}	0.004	0.016***	0.120***	0.683***	0.803	−0.020***		−1.75e-7	0.236	0.247	48.322***	0.024
Panel C: 30 分钟间隔												
无 $Bullish_t$	0.007	0.021***	0.097***	0.727***	0.824				0.676	0.686	60.487***	0.233
带有 $Bullish_t$	0.008	0.022***	0.098***	0.692***	0.79	−0.061***			0.672	0.685	59.245***	0.052

续 表

项目	参数估计							模型诊断			
	μ_1	μ_2	α	β	$\alpha+\beta$	λ	Φ_1	Φ_2	AIC	SC	Q(36)	ARCH LM(1)
带有 $Bullish_t$ 和 D_t	0.009	0.011***	0.094***	0.730***	0.824	−0.041**	0.057***		0.659	0.675	59.884***	0.002
带有 $Bullish_t$ 和 VLM_{t-1}	0.008	0.027***	0.094***	0.705***	0.799	−0.047***		−4.46e−7**	0.670	0.685	56.606***	0.122
Panel D: 60 分钟间隔												
无 $Bullish_t$	0.018	0.015**	0.023***	0.916***	0.939				1.449	1.467	64.392***	1.613
带有 $Bullish_t$	0.012	0.210***	0.096***	−0.023	0.073	−0.507***			1.432	1.454	69.837***	0.005
带有 $Bullish_t$ 和 D_t	0.015	0.162***	0.095***	0.121	0.216	−0.514***	0.052**		1.430	1.457	69.808***	0.005
带有 $Bullish_t$ 和 VLM_{t-1}	0.016	0.147***	0.062***	0.415***	0.477	−0.351***		−1.32e−6***	1.430	1.457	65.163***	0.392

注：表 5.7 中使用的 GARCH (1, 1) 模型为：

条件均值方程：$r_t = \mu_1 + \varepsilon_t$；

条件方差方程：$\sigma_t^2 = \mu_2 + \alpha \varepsilon_{t-1}^2 + \beta \sigma_{t-1}^2 + \lambda Bullish_t + \phi_1 D_t$，或 $\sigma_t^2 = \mu_2 + \alpha \varepsilon_{t-1}^2 + \beta \sigma_{t-1}^2 + \lambda Bullish_t + \phi_2 VLM_{t-1}$

其中，r_t 是 t 期市场收益率，μ_1 和 μ_2 是常量，ε_t 是收益残差，σ_t^2 是 ε_t 的方差。控制变量 D_t 表示是否是每交易日开盘第一个时间间隔，VLM_{t-1} 是前一期交易成交量。Q(36) 是模型型残差序列相关性检验的 Ljung–Box Q 统计量。ARCH.LM(1) 是模型 ARCH 效应检验的 ARCH–LM 检验统计量。***，** 和 * 表示相应 Q 统计量的显著性水平分别为 1%、5% 和 10%。

第5章 新浪微博的投资者情绪对超短期市场波动性影响分析

表5.8 情感倾向值对上证指数120分钟、日收益波动率的影响——基于线性回归模型

项目	参数估计				模型诊断			
	μ	λ	ϕ_1	ϕ_2	AIC	SC	Q(36)	ARCH LM(1)
Panel A:120分钟								
无 $Bullish_t$	0.558							
带有 $Bullish_t$	0.526***	−0.786			2.946	2.954	38.086	0.153
带有 $Bullish_t$ 和 D_t	0.592***	−0.835	−0.136		2.948	2.964	37.914	0.140
带有 $Bullish_t$ 和 VLM_{t-1}	0.851***	−0.399		−6.53e−6***	2.948	2.971	37.335	0.133
					2.936	2.959	38.917	0.116
Panel A:1日								
无 $Bullish_t$	1.409***							
带有 $Bullish_t$	1.354***	−1.367			4.546	4.559	43.958	0.009
带有 $Bullish_t$ 和 VLM_{t-1}	3.217***	2.816		−1.97e−6***	4.553	4.579	43.286	0.010
					4.510	4.549	45.134	0.003

注:表5.8中使用的OLS模型为:

$$vol_t = \mu + \lambda Num_t + \phi_1 D_t + \epsilon_t \text{ 或 } vol_t = \mu + \lambda Num_t + \phi_2 VLM_{t-1} + \epsilon_t$$

其中,vol_t是t期市场收益波动率,μ是常量,ϵ_t是收益残差,控制变量D_t表示是否是每交易日开盘后第一个时间t,VLM_{t-1}是前一期交易成交量。Q(36)是模型残差序列相关性检验的Ljung-BoxQ统计量。ARCHLM(1)是模型ARCH效应检验的ARCH-LM检验统计量。***、**和*表示显著性水平分别为1%、5%和10%。

综上，在考虑了开盘期间影响和前一期成交量包含的有效信息情况下，新浪微博的投资者情绪指数的情感倾向值指标对1小时内的上证收益波动率具有显著且稳定的负向影响。伴随着新浪微博的信息流到达，新浪微博的情绪信息到达证券市场，但仅对1小时内的上证收益波动产生反向修正作用，市场情绪越乐观，市场收益波动越缓和，市场情绪越悲观，市场收益波动越剧烈。

5.3.6 对实证结果的分析和讨论

基于混合分布假说，本章的实证结果表明，以新浪微博投资者情绪指数的关注度指标为社交媒体信息流到达的代理变量，新浪微博的信息流对国内证券市场的市场日内收益波动具有显著正向影响。信息量越大，日内市场收益波动越剧烈。此结论与Kalev等[158]研究结论基本一致，日内信息流到达对市场收益的条件波动率有正向影响。而且这也与黄晓彬等[162]研究推测"一个信息在100分钟内融入中国股票市场的概率是99%"的结论基本吻合，新浪微博的信息流对120分钟内的市场收益波动有正向影响。

以新浪微博的投资者情绪指数的情感倾向值指标为情绪流到达的代理变量，本书发现，新浪微博的投资者情绪对1小时内的市场收益波动具有显著负向影响。乐观情绪越高，市场收益的波动越缓和，悲观情绪越高，市场收益波动越剧烈。本书结论与王美今和孙建军[114]研究结论基本一致，情感倾向值指标显著反向修正股指收益波动。

5.4 本章小结

本章基于混合分布假说和前人的研究提出了合理的研究假设，以上证综合指数日内数据和新浪微博日内数据为数据样本建立投资者情绪指数，通过(G)ARCH模型族研究社交媒体的信息流、情绪流到达证券市场对超短期市场收益波动的影响效应。实证结果表明：

（1）新浪微博投资者情绪指数的关注度指标对日内股指收益具有显著的正向影响，即社交媒体信息流的到达对上证指数收益的条件波动具有正向影响。

（2）情感倾向值指标对日内股指收益具有显著的负向影响，即社交媒体的情绪流到达对上证收益的条件波动有反向影响。由此可见，即时通信社交媒体中信息流与情绪流在极短时间内就可以到达市场并融入股票价格之中，从而

第 5 章　新浪微博的投资者情绪对超短期市场波动性影响分析

会引起市场收益的波动。

　　本章的研究结果也具有重要的现实意义,以新浪微博为例的即时通信社交媒体,可以为金融市场各方参与者,尤其是普通投资者提供实时信息,并为投资者的短期投资策略、风险管理提供有效的参考意见。对于监管部门来说,即时通信社交媒体提供了时刻关注市场异动的有效方法,有利于监管部门积极转变监管模式和思路,创新监管手段和改进监管工作。随着中国证券市场的快速发展,社交媒体投资者情绪对证券市场的影响日益凸显,本书的实证结论不仅能作为各类投资者和政府监管部门决策和行动的科学依据,而且还能为上市公司、第三方机构等提供一定的参考。

第6章　新浪微博的投资者情绪与证券市场短期关系研究

本章建立新浪微博的投资者情绪指数,对社交媒体的投资者情绪与证券市场特征指标之间的关系展开分析。本章将重点检验投资者情绪指数预测证券市场特征指标的能力,考察投资者情绪与证券市场收益、成交量的联动关系。另外,在第5章中研究发现,新浪微博的投资者情绪指数仅对日内市场收益波动存在显著影响,本章使用每日数据对此结论进行进一步检验。

行为金融学认为,投资者不是理性人。由于存在认知偏差,投资者很难客观、公正、无偏地反映和处理获得的信息;由于投资者是非同质的,不同投资者对市场和信息的反馈会不同,从而整体效果也就变得难以确定;由于投资者是损失厌恶的,面对收益时,投资者表现出风险厌恶,但面对损失时,投资者则变为风险寻求;同时,市场也并非有效的,资产价格不仅反映了资产内在价值,还在很大程度上受投资者心理及行为的影响。

政府信息、上市公司信息、第三方机构信息、其他投资者的私有信息以及各种小道消息都在社交媒体上被分享、聚集和放大,往往短时间内就在投资者之间迅速地传播开来。毫无疑问,快速地信息传播给投资者的投资决策行为提供了有效的参考信息[162],同时也带来了难以辨真伪的噪声信息。面对海量的信息,非理性的个人投资者很难正确地判断信息有效性,并且及时地做出投资决策。然而,在我国证券市场上,个人投资者在市场参与者中所占比重依然很大,截至2014年2月,上海和深圳两地证券交易所的个人股票开户总数已经达到20 390.5万户,而同期两地的机构股票开户数仅为82.1万户。因此,本章分析社交媒体UGC是否会通过影响投资者心理活动而对证券市场特征指标产生冲击、产生何种冲击,检验其对证券市场特征指标的预测能力,对监测和控制市场风险,帮助投资者合理使用社交媒体、去掉投机心理和树立投资理念等方面都有重要的现实意义。

虽然第5章发现社交媒体的投资者情绪对市场日内收益波动有显著的影响。但除了收益波动率,收益率和成交量也是证券市场的重要特征指标。而

第6章 新浪微博的投资者情绪与证券市场短期关系研究

且,投资者在浏览社交媒体 UGC 时,并不会只阅读当天帖子,最近一段时间的热门帖子都有可能被阅读。因此,本章仍有必要以日数据对社交媒体的投资者情绪与证券市场收益、成交量的短期联动关系进行研究。

本章后续内容安排如下:第一部分对相关文献进行回顾并提出本章的研究假设;第二部分讲述数据来源及处理,并给出描述统计信息;第三部分进行实证检验并对结果展开讨论;第四部分是对本章内容的总结。

6.1 相关文献回顾及研究假设

从第 2 章第 2.3 节可以看到,新闻网站、论坛、微博是目前研究得比较多的三种社交媒体。

首先,新闻网站上大多数新闻报道都并不一定是投资者所关心并认为重要的内容。资产的市场价格往往由市场参与者对新闻的认识和感知所决定,但大多数上市公司并不会出现在新闻报道中。因此,新闻网站上的大多数新闻报道对于大多数投资者,尤其是个人投资者而言,都是需要随时随地耗费大量精力来分析的。因此,投资者并不能稳定地从新闻网站获得短期内影响证券市场的信息,也很难通过它了解其他投资者对股市的情绪变化和交易活动。

其次,股票论坛与证券市场之间存在紧密的关系已经得到很多文献的支持。但是,股票论坛的帖子通常是基于话题构建,按行业、上市公司进行分类的,而且有些帖子不是公开对所有用户可见,论坛用户回复帖子的时间间隔可能超过几小时、几天甚至几个月。因此,股票论坛既不利于投资者查找即时信息,也不利于收集短期内投资者对市场(总体)的判断和心理预期和行为活动。

最后,相比之下,基于 timeline 组织帖子的微博可以更即时地传播市场信息,并实时、真实地反映出其他投资者的心理活动,因此,微博更适合作为投资者获取短期内影响证券市场变化的信息的稳定来源。

目前,国内针对社交媒体所包含的信息量和证券市场的互动关系研究正处在起步阶段,相关研究并不多,它们主要将股票论坛作为研究对象。施荣盛[72]和林振兴[84]分别对论坛发帖量与国内证券市场之间的关系进行分析后发现,国内股票论坛的发帖量与股票收益、IPO 事件等都存在紧密联系。本书以微博为研究对象可以为国内该领域的研究提供更丰富的实证证据。

投资能力有限的知情投资者倾向于散播不精确的小道消息、提示信息或投资建议,甚至故意散播一些谣言等,而跟随者们听从这些信息做出投资决策后,

社交媒体的投资者情绪与中国证券市场互动关系的实证研究

最终造成价格波动[163]。Hirshleifer 和 Teoh[165]研究发现,由于有限关注和有限的信息处理能力,投资者对信息披露的认知会有所不同,这也导致市场反应有所不同。而投资者购买的股票往往是他们从新闻报道中注意到的股票[165]或者是从口碑传播中打听到的股票[51]。Mizrach 和 Weerts[101]研究发现,一些个人投资者在一个公开股票相关的聊天室长期讨论与交流,55%的投资者在扣除交易成本后仍可获得投资回报。社交媒体作为新兴的信息传播平台,其中传播的不仅是市场信息,还包含市场参与者对证券市场的关注程度、对后市的判断信息、乐观/悲观情绪信息等。因此,本章提出以下假设:

假设 1a:投资者情绪指数的情感倾向值指标的上升(下降)与市场指数收益的增加(减少)具有相关性。

假设 1b:投资者情绪指数的情感倾向值指标的上升(下降)与交易成交量的放大(萎缩)具有相关性。

投资者可能都有发帖讨论自己持有的或操作的股票的欲望[163]。Wysocki[67]、Antweiler 和 Frank[76]发现,社交媒体 UGC 可以预测证券市场次日的交易成交量。除了发布信息和交易之间的直接联系,我们有理由相信,社交媒体中发帖量的增加可能会导致社区中"潜水"的持观望态度的投资者进行交易。

社交媒体中发帖量的增加表明市场出现了新信息。在针对股票论坛开展的研究中,论坛中的绝大多数消息代表购买信号,发帖量的增加说明了乐观情绪的增加[166]。而 Antweiler 和 Frank[76]发现,发帖量的增加对股票收益的负面影响在统计意义上是显著的。Sabherwal 等[69]和 Wysocki[67]则发现,出现异常发帖量的股票次日会出现异常收益。针对微博展开的研究中,Mao 等[87]认为,市场指数、行业指数和个股股价分别与 Twitter 上相关帖子的发帖量相关。但 Sprenger 等[96]认为,发帖量有助于预测交易成交量,而不是股票收益。据此,本章提出以下假设:

假设 2:投资者情绪指数的关注度指标的上升(下降)与成交量的放大(萎缩)具有相关性。

对于意见分歧或异质信念,传统金融理论认为,由于不同市场参与者对资本定价不同,意见分歧会导致交易量上升[167]。Milgrom 和 Stokey[169]认为,投资者出于规避风险会进入自身具有优势的领域,意见分歧会减少交易行为的发生。Antweiler 和 Frank[76]却发现,股票论坛的情绪分歧程度能增加交易量,他们认为,Milgrom 和 Stokey 的发现是建立在一个相当严格的假设上,不适用于拥有大量从事短线交易的个人投资者的社交媒体。可提出以下假设：

假设 3：投资者情绪指数的意见分歧度的上升（下降）与交易成交量的放大（萎缩）具有相关性。

6.2 实证数据

6.2.1 深圳成分指数每日数据

本章使用深圳证券交易所的深圳成分指数（以下简称"深成指"）作为股票数据样本，从国泰安公司设计研发的国泰安 CSMAR 数据库下载深成指的日收益率（R_t）和日成交量（VLM_t），其中 t 表示第 t 日。从 2011 年 1 月 1 日到 2012 年 2 月 29 日，样本区间内共 280 个交易日。

6.2.2 新浪微博每日数据

本章与第 5 章使用同样的数据来源：新浪微博的五个认证媒体机构用户（详见第 5 章第 5.3 节）于 2011 年 1 月 1 日到 2012 年 2 月 29 日发布的微博帖子和评论帖子。数据加工整合的过程与第 5 章第 5.3 节的加工处理过程基本相同，但本章使用的时间周期是 1 个交易日，根据第 4 章第 4.4 节方法计算投资者情绪指数的三个指标。

6.2.2.1 关注度

t 期投资者情绪指数的关注度指标（Num_t），使用选定用户在 t 期内的发布的新帖和收到的评论帖的总和进行表示，反映了投资者对证券市场的关注程度。

6.2.2.2 情感倾向值

t 期投资者情绪指数的情感倾向值指标（$Bullish_t$），使用选定用户在 t 期内的发布的新帖和收到的评论帖的平均情感倾向值进行表示，反映了 t 期新浪微博中投资者对市场走势的乐观/悲观程度。计算公式如下：

$$Bullish_t = \frac{\sum_{q=1}^{Num_t} Odoc_q}{Num_t} \quad (6.1)$$

其中，$Odoc_q$ 是第 $q(q=1,\cdots,Num_t)$ 条帖子的情感倾向值。$Bullish_t > 0$，表示 t 期投资者对后市保持乐观态度，认为证券市场大盘指数和个股股价会维持上涨趋势;相反,$Bullish_t<0$,则表示 t 期投资者对后市持悲观态度,认为证券市场大盘指数和个股股价进入下跌阶段的可能性增大。$Bullish_t$ 的绝对值越大,表示投资者越乐观/悲观。

6.2.2.3 意见分歧度

t 期投资者情绪指数的意见分歧度($Disag_t$),使用 t 期内情感倾向值为正数的帖子数量与情感倾向值为负数的帖子数量进行表示,反映了投资者对证券市场的未来走势的乐观/悲观态度的分歧程度。意见分歧度越大,表明投资者对后市走势越没有把握,风险越大。公式如下:

$$Disag_t = \left|1 - \left|\frac{Num_{bull,t} - Num_{bear,t}}{Num_{bull,t} + Num_{bear,t}}\right|\right| \tag{6.2}$$

其中,$Num_{bull,t}$ 和 $Num_{bear,t}$ 分别表示 t 期内情感倾向值为正数的帖子数和情感倾向值为负数的帖子数,$Disag_t$ 的取值在 [0,1],0 表示投资者的意见高度一致,1 表示投资者的意见出现严重分歧。

6.2.3 投资者情绪与证券市场特征指标的描述性分析

表 6.1 列出所有变量的基本统计描述信息。在样本区间内,市场指数收益和情感倾向值的均值均为负值,可以看出,在这 1 年多时间内,中国股市整体呈现熊市特征,处在下降通道中,市场日收益的均值为负数。在新浪微博中投资者是比较活跃的,平均日关注度超过 3300 条,而情感倾向值的平均值为负数,意见分歧度的平均值为 0.879,可见投资者在这段时期内对中国证券市场的未来走势并不乐观,而且意见分歧程度很高。初步来看,投资者情绪指数大体上与国内证券市场整体状况一致,市场低迷,投资者变得悲观。此外,市场指数收益的波动幅度远大于投资者情绪指数的波动幅度。

表 6.1 所有变量的描述性统计信息

变量	平均值	标准差	偏度	峰度	PP 检验值
R_t	−0.066	1.444	0.124	3.649	−17.626***
VLM_t	7.136E+04	2.814E+04	1.079	3.916	−6.097***
Num_t	3 311.471	1 476.481	0.323	3.223	−8.581***
$Bullish_t$	−0.041	0.036	−0.296	4.223	−12.923***
$Disag_t$	0.879	0.044	−0.226	3.632	−13.208***

注:***表示显著性水平1%;PP 检验标准:1%、5%和10%显著性水平统计量分别为:−3.991,−3.426和−3.136。

第6章 新浪微博的投资者情绪与证券市场短期关系研究

为保证后续建立 VAR 模型和使用 Granger 因果检验方法的合理性与正确性,本章采用带有漂移项和趋势项的 Phillips Perron(PP)单位根检验方法检验各个变量的平稳性,结果如表 6.1 所示。可以看出,所有变量的 PP 检验值都小于 1% 显著性水平的统计量,表明所有数据都是平稳的时间序列,可以用于建立 VAR 模型和 Granger 因果检验。

6.3 实证分析与结果

为了探究投资者情绪指数与证券市场的特征指标之间的动态影响,本节在对变量间的同期相关性进行分析后,还将构建向量自回归(VAR)模型,在 VAR 系统基础上的分析变量间的领先—滞后关系,最后将运用脉冲响应函数揭示投资者情绪指数与证券市场之间的短期相互影响。

6.3.1 投资者情绪与市场特征指标的相关性分析

表 6.2 是所有变量之间的同期相关性分析结果。投资者情绪指数的三个指标之间也存在显著相关性,关注度上升伴随着情感倾向值的下跌和意见分歧度的上升,情感倾向值与意见分歧度呈现高度负相关。表明当出现新信息时,投资者越是积极讨论,给予该信息更多的注意力,发表个人观点的投资者就会越多,而不同意见增加,反过来会吸引更多投资者参与讨论,同时意见分歧的加大,会使得投资者心情变得悲观。此外,在样本期间市场先扬后抑的走势也使得投资者心态比较悲观,在发布新帖和评论时会有意或无意地流露出个人心情。

关注度与深成指成交量之间存在负向相关关系(与假设 2 相反),情感倾向值与深成指收益、成交量之间都存在正相关关系(支持假设 1a 和假设 1b),意见分歧度与深成指收益、交易成交量之间都存在负相关关系(支持假设 3)。可见,投资者情绪指数与国内证券市场特征指标之间存在显著的同期相关性。

表 6.2 所有变量的同期相关性分析结果

变量	R_t	VLM_t	Num_t	$Bullish_t$	$Disag_t$
R_t	1.000				
VLM_t	0.213***	1.000			

续　表

变量	R_t	VLM_t	Num_t	$Bullish_t$	$Disag_t$
Num_t	0.038	−0.323***	1.000		
$Bullish_t$	0.124**	0.337***	−0.283***	1.000	
$Disag_t$	−0.128**	−0.291***	0.217***	−0.867***	1.000

注：***、**、*分别表示显著性水平1%、5%和10%。

6.3.2　向量自回归模型的建立

使用式(6.3)分别为投资者情绪指数的三个指标和收益率、成交量一起建立三元VAR模型：

$$R_t = C_1 + \sum_{s=1}^{p} A_{1s} R_{t-s} + \sum_{s=1}^{p} A_{2s} VLM_{t-s} + \sum_{s=1}^{p} A_{3s} SINA_{t-s} + \varepsilon_{1t}$$

$$VLM_t = C_2 + \sum_{s=1}^{p} B_{1s} R_{t-s} + \sum_{s=1}^{p} B_{2s} VLM_{t-s} + \sum_{s=1}^{p} B_{3s} SINA_{t-s} + \varepsilon_{2t}$$

$$SINA_t = C_3 + \sum_{s=1}^{p} D_{1s} R_{t-s} + \sum_{s=1}^{p} D_{2s} VLM_{t-s} + \sum_{s=1}^{p} D_{3s} SINA_{t-s} + \varepsilon_{1t}$$

(6.3)

其中，C_1、C_2和C_3是常量向量，A_{js}、B_{js}和D_{js} ($j=1, 2, 3$)是参数向量，p是滞后阶数，ε_{1t}、ε_{2t}和ε_{3t}是独立同分布的残差向量。$SINA_t$在三个模型中依次为关注度Num_t、情感倾向值$Bullish_t$和意见分歧度$Disag_t$。

VAR模型的最优滞后阶数由AIC和SC准则确定。如果两个准则建议选择的滞后阶数不一致，考虑到低估滞后阶数会丢失变量间的动态关系，则采用两者滞后阶数较大者作为VAR模型的最优滞后阶数。各模型选择的最优滞后阶数如表6.3所示。

使用AR特征多项式根的倒数检验VAR模型的稳定性，如果三个VAR模型的根模的倒数都小于1，即落在单位圆内，说明所有VAR模型都是稳定的，可以进行脉冲响应函数分析。

6.3.3　新浪微博的投资者情绪对市场特征指标的预测能力

Granger因果关系检验方法是从统计意义上检验两个平稳时间序列X、Y

第6章 新浪微博的投资者情绪与证券市场短期关系研究

之间是否存在因果关系。Granger 因果关系不等同因果关系，而是指在统计意义上，若 X 是 Y 的 Granger 原因，那么 X 是 Y 的有效预测变量[169]。

为了检验证券市场与新浪微博 UGC 是否存在单向或双向领滞关系，本节运用 Granger 因果关系检验方法分析新浪微博的投资者情绪指数与市场收益、成交量之间的因果关系，结果如表6.3所示。

表6.3　Granger 因果关系检验结果

	Lags	$SINA_t \to R_t$	$R_t \to SINA_t$	$SINA_t \to VLM_t$	$VLM_t \to SINA_t$
Num_t	6	3.787(0.706)	7.681(0.262)	7.895(0.246)	16.676(0.011)**
$Bullish_t$	3	2.447(0.485)	10.718(0.013)**	10.170(0.017)**	10.937(0.012)**
$Disag_t$	3	1.051(0.789)	14.088(0.003)***	8.147(0.043)**	5.362(0.147)

注：$SINA_t$ 表示三个社交投资指数（Num_t、$Bullish_t$ 和 $Disag_t$）；圆括号内数据为伴随概率；***、**、* 分别表示显著性水平1%、5%和10%。

表6.3列出了 Granger 因果关系检验结果，"$SINA_t \to R_t(VLM_t)$"表示投资者情绪指数的某一指标($SINA_t$)预测深成指收益(R_t)或成交量(VLM_t)，反之，"$R_t(VLM_t) \to SINA_t$"表示深成指收益或成交量预测投资者情绪指数的某一指标。从表中可以发现：

（1）关注度不能预测深成指收益和成交量，相反，成交量在5%的显著性水平下则可以预测关注度。这表明成交量将影响关注度变化，反过来则不成立，关注度无法影响成交量的变化。

（2）在5%的显著性水平下，深成指收益和成交量都是情感倾向值的 Granger 原因，情感倾向值不是深成指收益的 Granger 原因，但却是成交量的 Granger 原因。因此，深成指收益、成交量变化都将导致情感倾向值变化，情感倾向值将导致成交量变化。

（3）意见分歧度在5%的显著性水平下是成交量的 Granger 原因，深成指收益在1%的显著性水平下是意见分歧度的 Granger 原因。因此，深成指收益将引起意见分歧度变化，意见分歧度变化将引起成交量变化。

由此可见，投资者情绪指数基本都受到证券市场的影响，深成指收益能引起投资者的情绪变动，使得投资者情绪指数的情感倾向值指标和意见分歧度指标发生变化；成交量的变动同样会引起投资者的关注和情绪波动，使得投资者情绪指数的关注度指标和情感倾向值指标变动，实证结果与研究假设基本一致。由此可知，投资者情绪指数的情感倾向值指标和意见分歧度指标虽然无法帮助预测国内证券市场收益,但可以帮助预测成交量,它们是预测成交量的有效指标。

6.3.4 新浪微博的投资者情绪与证券市场的互动关系

在 VAR 模型基础上,使用脉冲响应函数分析投资者情绪指数与深成指收益、成交量之间的动态关系。脉冲响应函数刻画了将一个标准差大小的冲击施加在一个扰动项上后,给系统内各个内生变量的当前值和未来值所产生的影响。因此,本章根据公式(6.3)建立的每个三元 VAR 模型都有 9 个脉冲响应函数,并且由于本书重点考虑投资者情绪指数与证券市场的相互冲击及响应效果,本章仅描述部分脉冲相应函数。

6.3.4.1 投资者情绪对证券市场的短期影响

在 $t+0$ 期期末给投资者情绪指数的数据样本序列上施加一个正向标准差大小的冲击,深成指收益对投资者情绪指数的三个指标冲击的动态响应如图 6.1 所示,成交量对投资者情绪指数的三个指标冲击的动态响应如图 6.2 所示。

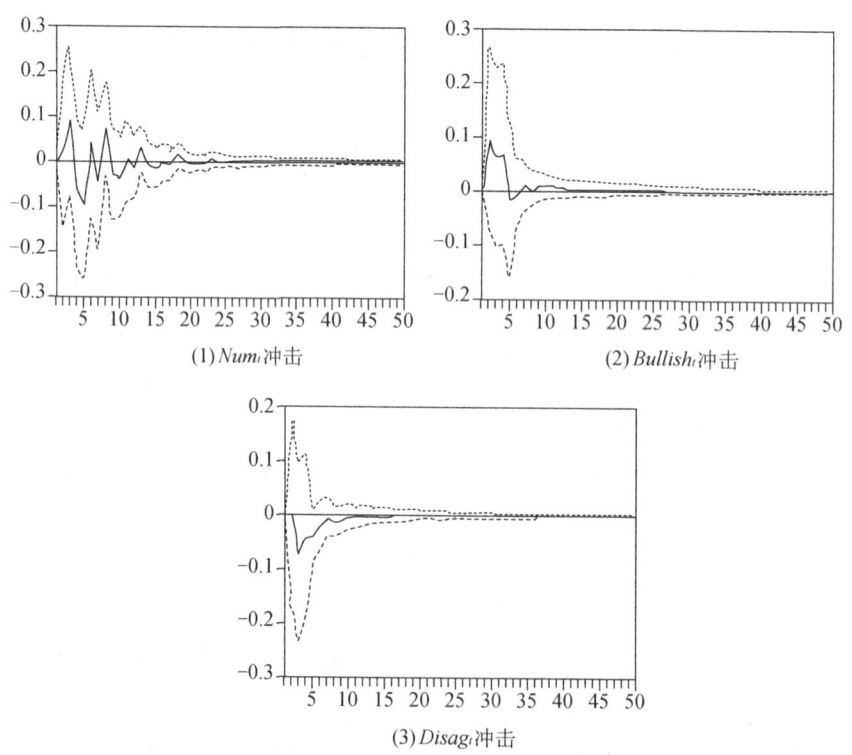

注:实线是脉冲响应函数,虚线则是置信区间为 5% 的置信区间。

图 6.1 深成指收益对投资者情绪冲击的脉冲响应函数

第 6 章 新浪微博的投资者情绪与证券市场短期关系研究

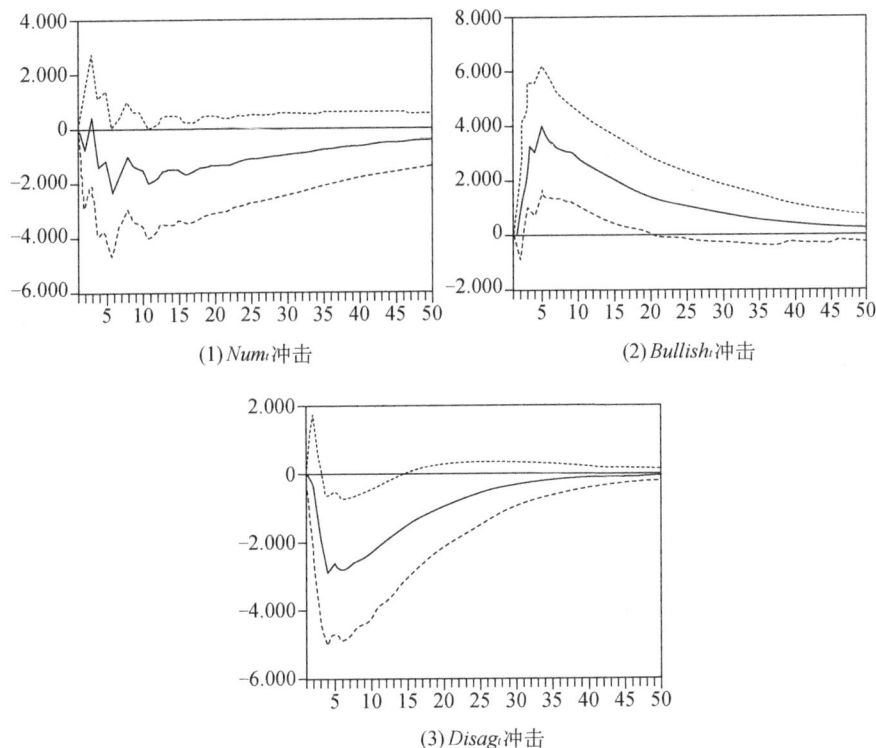

注：实线是脉冲响应函数，虚线则是置信区间为 5% 的置信区间。

图 6.2 深成指成交量对投资者情绪冲击的脉冲响应函数

从图 6.1 和图 6.2 脉冲响应函数可以看出：

（1）结论与假设 1a 和假设 1b 均相符，情感倾向值一个单位标准差的正向冲击，立即引起深成指收益、成交量正向变动，正向影响在 5 期内基本达到最大值，之后随着市场对投资者情绪的消化，对深成指收益的影响在 10 期后基本趋近于 0，对成交量的影响则是一个逐渐减弱的过程，情感倾向值的影响超过 40 期。

（2）关注度一个单位标准差的正向冲击，深成指收益的响应比较剧烈，围绕 0 上下变动，10 期左右关注度的影响逐渐消失。成交量对关注度的正向冲击予以反向响应，第 5 期左右达到负向最大值后在 50 期内逐渐减弱，此结论与假设 2 不相符。

（3）意见分歧度一个单位标准差的正向冲击，引起深成指收益、成交量反向变动，与假设 3 一致，正向影响均在第 5 期左右达到负向最大值，深成指收益对意见分歧度冲击的响应在 10 期左右基本消失，成交量对意见分歧度冲击的响应时间则超过 40 期。

6.3.4.2 证券市场对投资者情绪的短期影响

在 $t+0$ 期期末给证券市场特征指标的数据样本序列上施加一个正向标准差大小的冲击,投资者情绪指数对深成指收益冲击的动态响应如图 6.3 所示,投资者情绪指数对成交量冲击的动态响应如图 6.4 所示。

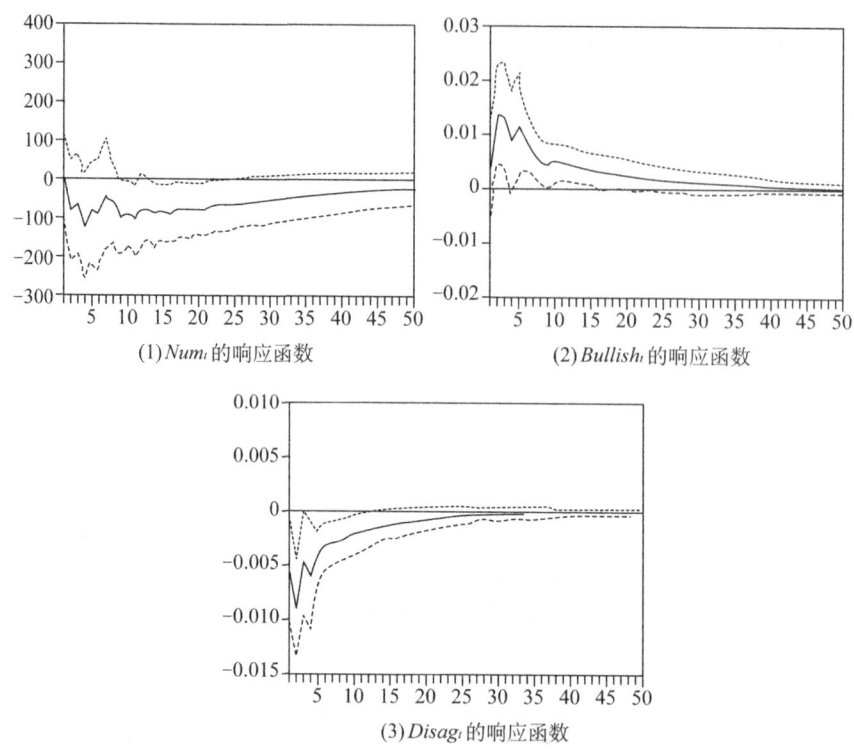

注:实线是脉冲响应函数,虚线则是置信区间为 5% 的置信区间。

图 6.3 投资者情绪对深成指收益冲击的脉冲响应函数

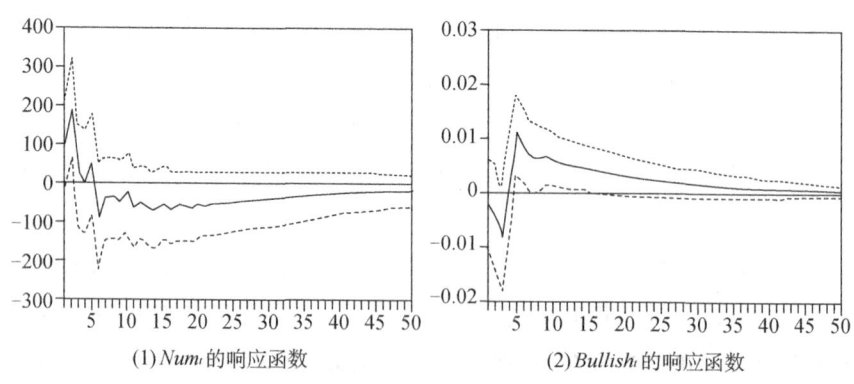

第 6 章 新浪微博的投资者情绪与证券市场短期关系研究

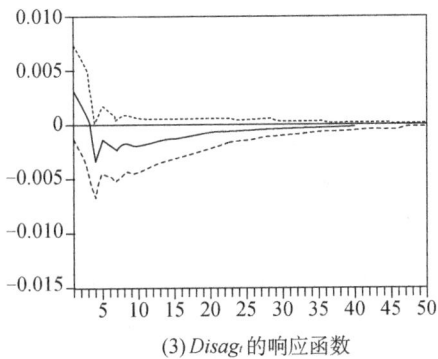

(3) $Disag$ 的响应函数

注：实线是脉冲响应函数，虚线则是置信区间为 5% 的置信区间。

图 6.4 投资者情绪对深成指成交量冲击的脉冲响应函数

从图 6.3 和图 6.4 的脉冲响应函数可以看出：

（1）深成指收益一个单位标准差的正向冲击，立即引起情感倾向值正向变动、关注度和意见分歧度反向变动，对三个指标的影响均在 5 期内达到正向或负向最大值后逐渐减弱，影响时间超过 25 期，此结论与假设 1a、假设 3 相符，而与假设 2 不相符。

（2）成交量一个单位标准差的正向冲击，立即引起情感倾向值负向变动、关注度和意见分歧度正向变动，成交量冲击对三个指标的影响都会在第 5 期发生反转。例如，关注度在前 5 期对成交量冲击是正向响应，第 5 期以后则为负向响应。成交量冲击对三个指标的影响周期均超过 25 期。

6.3.5 对实证结果的分析和讨论

本节的实证结果表明，新浪微博的投资者情绪指数与国内证券市场特征指标具有显著相关性，脉冲响应分析结果也证实了投资者情绪指数与股指收益、成交量之间存在 25 日左右的短期联动效应。虽然本书未列出累计脉冲响应分析的结果，但实际上累计脉冲响应分析的结果也印证了该结论，不存在长期效应。假设 1a 和假设 1b 中情感倾向值与市场收益、成交量之间的正向相关性得到脉冲响应分析结果的支持，脉冲响应分析结果同样佐证了假设 3 意见分歧度与市场收益、成交量之间都存在负向联动关系，而关注度与市场收益、成交量基本都呈现负向联动关系（假设 2 不成立）。可见，股指收益高时，投资者变得乐观，意见比较一致，相信可以从股市获利，成交量也有所放大，其对信息需求不高，发帖量下降。反之，股指收益下跌,市场低迷,投资者变得悲观,各种观点频频出现,意见分歧加大,但其仍在等待股市反弹,成交量出现萎缩,同时,投资者纷纷通过各种途径获取信息,社交媒体的关注度增加。

本书通过 Granger 因果关系检验方法证实了投资者情绪指数的情感倾向值指标和意见分歧度指标对成交量的预测能力,但同时也发现投资者情绪指数无法帮助预测市场收益。本书认为,其中一个可能的原因是新浪微博是一个即时通信社交工具,从第 5 章的研究结果已知新浪微博的信息流、情绪流在两小时内已融入证券市场指数价格,本章使用每日数据无法检验出投资者情绪指数对股指收益的预测能力,与此研究结果相吻合。

6.4 本章小结

首先,本章参考前人的研究成果与不足建立了合理可行的研究假设。其次,以深圳成分指数每日数据为观测样本,从新浪微博平台获取实证证据,建立了新浪微博的投资者情绪指数并且检验其预测证券市场特征指标的能力。最后,运用 VAR 向量自回归模型和脉冲响应函数,研究社交媒体投资者情绪与证券市场之间的动态关系。实证分析结果表明:投资者情绪指数与股指收益、成交量之间存在短期联动效应,情感倾向值指标与股指收益、成交量之间存在正向联动关系,关注度、意见分歧度指标分别与股指收益、成交量之间都存在负向联动关系。另外,投资者情绪指数的情感倾向值和意见分歧度指标无法帮助预测短期内市场收益,但是可以帮助预测成交量的变化。

本章的实证结果基本与现实情况相符,社交媒体与证券市场之间存在双向的信息传递和扩散。因此,建立社交媒体投资者情绪指数并及时向证券市场各方公布是具有现实价值的,能够为各类投资者提供短期投资参考意见,更为监管部门认识、把握、管理网络舆论、了解投资者情绪变化、提高信息透明度等工作提供思路。

第 7 章 物流论坛的投资者情绪与行业板块短期互动及长期影响研究

在第 5、第 6 章,本书发现新浪微博的投资者情绪指数与证券市场特征指标之间具有紧密关系,其中的确蕴含了影响投资者对市场总体走势短期心理预期的有效信息。需要注意的是,从使用的数据来源来看,新浪微博用户围绕财经新闻、热点新闻等话题展开的讨论内容中较少涉及基本面因素相关的信息,那么,其他社交媒体 UGC 中,是否会包含反映市场、行业或上市公司基本面因素的有效信息呢? 这些信息是否也可通过建立社交媒体的投资者情绪指数来获得?

本书认为有必要做进一步研究,使用社交媒体中围绕宏观环境、行业动态和公司状况等话题展开的讨论内容建立投资者情绪指数,作为投资者对基本面因素的关注、心理预期的代理变量。本章通过研究物流论坛的投资者情绪与行业板块之间的互动关系,来解答上述两个问题。

在有效市场假设前提下,上市公司的股票价格由上市公司内在价值决定,并最终取决于上市公司的未来盈利能力。威廉-戈登模型(William-Gardon model)、米勒-莫迪利安尼模型(Miller-Modigliani model)和奥尔森-费尔森模型(Ohlson-Feltham model)都不同程度地印证了这一观点。我们可以认为,宏观经济环境、行业环境动态、上市公司的生产运营管理状况和未来前景等信息都会对上市公司的股票价格产生重要影响。

一般公认会计准则(Generally Accepted Accounting Principles,GAAP)的主要经济指标是反映上市公司实际经营状况的最直接指标,但是这些经济指标一般随着季报、年报等财务报表的公布才能获得。因此,有些学者开始从其他方面着手,以非 GAAP 指标预测上市公司的盈利状况及其股价走势,如 Meng 等[171]通过文本分析技术从上市公司相关新闻报或论坛中提取信息、Yuan 和 Cai [172]利用公司专利情况、Ali [173]、Tirunillai 和 Tellis[174]分别利用客户满意度、Hsihui 等[175]利用订单储备数据,等等。这些研究结果为使用非 GAAP 指标预测证券市场长期走势的可行性提供了有力证据,尤其是 Meng 等[171]、Tirunillai 和 Tellis[174]两组学者的研究结果,表明了通过互联网信息可以获得反映上市公司基本面状况的有效信息,而且这些信息能够预测上市公司股票价格走势。

物流是大多数行业供应链中的重要组成部分,行业物流信息可以反映出行业整体或者公司的当前经营状况。互联网物流论坛中聚集了许多物流行业的从业人士,他们讨论的话题和内容大多与物流行业紧密相关,因此,物流论坛中针对某个行业物流的讨论内容极有可能蕴含了反映该行业基本面的最真实信息,从这些信息以及其他人对此的评论中应该能抽取出来可帮助客观评估该行业的未来盈利水平的有效信息,从而能帮助预测该行业整体的基本走势。

本章的后续内容安排如下:第一部分陈述理论依据并提出文章的研究假设;第二部分介绍数据来源和描述统计信息;第三部分进行实证检验并对结果展开讨论;第四部分对本章内容进行总结。

7.1 理论依据及研究假设

利用文本挖掘技术从网络新闻报道、证券分析师的研究报告、上市公司的定期与非定期报告等文本内容中抽取出语义信息[如褒(贬)义词语的使用量、语气和态度等],不少学者发现这些语义信息可以辅助投资者做出正确的投资决策[55, 175, 176, 177]。然而,需要注意的是,上市公司的定期与非定期报告自身的可靠性和及时性并不高[178],证券分析师的研究报告通常会存在个人偏见[179, 180],网络新闻报道虽然有较高的可靠性、及时性和客观性,但新闻媒体报道内容和角度的多元化特点使得新闻报道不可能长期追踪、报道某家上市公司或某个行业的信息,而且新闻报道中"事后报道"居多。另外,虽然上市公司网站也会提供相关信息,但出于维护自身利益的原因,提供的信息较有限且更新不一定及时。

不少学者利用文本分析技术从股票论坛、博客、微博及聊天室等社交媒体的用户原创内容中抽取投资者的在线活动、情绪状态信息[91, 94, 99],他们发现,社交媒体的讨论内容与证券市场的短期走势有着紧密关系,但极少发现两者间存在长期关系。个人投资者的心态和想法很容易受证券市场的历史价格和当前热点新闻、热门话题讨论的影响,对市场、行业或上市公司的基本面因素相关话题很少涉及,即使涉及也较少深入研究和讨论。

第7章　物流论坛的投资者情绪与行业板块短期互动及长期影响研究

本书认为,从上市公司所处供应链的各方参与者,包括上下游企业、最终客户和物流等,可以及时获得行业或上市公司的基本面信息。Luo[173]对美国航空公司的顾客投诉意见数据进行文本挖掘,发现负面意见对航空公司个股的收益率和波动率均存在短期和长期影响。Tirunillai 和 Tellis[174]对电子商务网站(Amazon.com,Epinions.com 和 Yahoo! Shopping)的几类产品评论进行分析,发现总评论量和负面情绪可以有效预测相应个股的短期走势。虽然消费者提供的信息大多真实可靠,能真实并及时地反映对应产品的销售状况,但仍然很难反映出上市公司其他产品的销售状况、成本费用及经营中其他环节情况。物流行业掌握着供应链中大多数公司即时且真实的货物流通信息(图 7.1),如原材料购入、在产品转移和产品销售、产品返修、退货等。而且,物流工作人员是完成原材料、中间品及最终产品在供应链成员(供应商、制造商、分销商、零售商以及最终用户)之间转移的执行者。对于有物流的生产或零售行业,如汽车行业、服装行业和电子商务行业,虽然采购、生产和销售等财务数据、用户满意程度、用户反馈信息和供应链风险等经营数据很难及时获得,但是,将大量物流相关人员掌握对当前公司、行业和供应链的物资生产、转移、仓存和销售情况进行汇总分析,就可以大致把握行业总体基本情况。

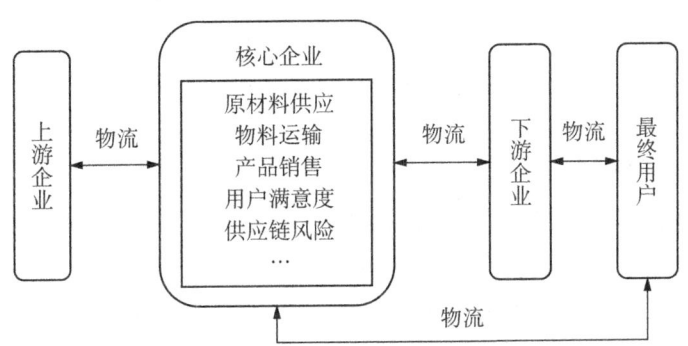

图 7.1　物流行业从供应链中获取信息示意图

因此,物流论坛的投资者情绪指数,不仅反映了供应链各方参与者对行业基本面信息的态度和看法,而且还反映了供应链中各方在最近一段时间的工作繁忙、难易程度,以此可以评估行业整体运营状况,从而评估行业的当前盈利能力。因此,投资者情绪指数与行业未来几个月后的盈余水平相关,也会与行业在未来几个月的基本走势相关。

当人们的注意力集中到物流领域时,常常是由于物流环节出现问题,如配送不及时、货物没有送达或物流配送服务成本高等。而这些问题的出现往往说明行业整体的销售状况已经受到影响,经营成本有所提高,在证券市场上表现为板块收益下降,成交量萎缩。相反,行业整体销售良好,物流问题少,则板块收益上升,投资者信息加强,成交量放大,同时对信息需求量也会有所下降。因此,本章提出以下假设:

假设 1a:投资者情绪指数的关注度指标的上升(下降)与行业板块的收益减少(增加)之间存在正向相关。

假设 1b:投资者情绪指数的关注度指标的上升(下降)与行业板块的成交量萎缩(放大)之间存在正向相关。

虽然物流沙龙论坛以知识分享为目的,帖子内容主要以客观描述为主,但是发帖人仍然会在帖子内容当中加入一些主观想法和个人态度。而且,当商品被客户广泛购买时,物流人员必然忙碌;相反,当物流人员空闲时,供应链中相关企业的经济效益必然差。工作忙碌程度和行业前景会影响物流人员的收入水平和日常生活状态,从而影响他们每日的心情和态度,最终影响他们在论坛发表帖子的措辞和用语。例如,当工作繁忙时,不仅类似"我抽时间整理下吧,最近工作好忙好忙哦……"等用句的出现频率增加,而且围绕工作中出现的问题提问、请求帮助的帖子也会增加,乐观倾向词语、发问和感谢等词语的使用频率都会增加。相反,当工作空闲时,类似"现在几个人闲得都可以一块打牌了"等包含负面情绪的语句会增加。由此,得出以下假设:

假设 2:投资者情绪指数的情感倾向值指标的上升(下降)与行业板块的收益增加(减少)相关。

在电子商务发展过程中,行业先驱者往往是"摸着石头过河",人们对行业环境、行业发展趋势等会有不同的看法和态度。当人们态度各有不同时,表明人们对行业的前景和发展方向等问题的看法并不一致,后市所包含的风险增大。得出以下假设:

假设 3:投资者情绪指数的意见分歧度指标的上升(下降)与行业板块收益波动加剧(减弱)相关。

7.2 实证数据

7.2.1 电子商务板块指数

由于数据获取来源有限,本书很难获知每家上市公司与哪些物流公司合

第7章 物流论坛的投资者情绪与行业板块短期互动及长期影响研究

作,因此,本书无法从上市公司角度出发分析投资者情绪与证券市场之间的互动关系。结合数据来源的特点,本书从行业角度研究投资者情绪指数与证券市场之间的互动关系。

在沪深两市选取55支电子商务个股作为样本股,使用大智慧传统行情软件按以下规则构造电子商务板块指数(以下简称电商板块或ECSI):

(1) 以2000年1月1日为基准日期,基准日收盘价计算出的总市值为基准。

(2) 使用每支股票的流通股作为权重计算当前市值。

(3) ECSI=当前市值÷基准日市值×1 000。

(4) 新股上市当天开始参与计算,市值需要乘上该股票市值占当日股票总市值的比重。

(5) 除权的计算方法:送红股,不影响指数;分红,总市值需要减去分红总额;配股,总市值需要加上配股总市值。

(6) 停牌按上一交易日收盘价计算。

电子板块的收益率(R_t)、波动率(SIG_t)和成交量(VLM_t)分别按以下公式计算:

$$R_t = \ln(P_t) - \ln(P_{t-1}) \tag{7.1}$$

$$SIG_t = \sqrt{\frac{(R_t - \overline{R_t})^2}{\sigma_t^2}} \tag{7.2}$$

$$VLM_t = \ln(VLM_t) \tag{7.3}$$

其中,P_t是第t期电子商务行业指数的收盘价格,$\overline{R_t}$是样本区间的平均收益,σ_t^2是样本区间的收益方差,ln( )表示取自然对数。

7.2.2 电子商务物流论坛数据

7.2.2.1 数据获取思路及方法

物流沙龙论坛(www.logclub.com)作为目前国内最大的专业物流与供应链论坛,自2004年运营至2013年年初,注册会员已达15万人,帖子总量达40万条。物流沙龙论坛根据不同的行业设立了行业物流子论坛,如医药物流子论坛、制造业物流子论坛等。本研究使用其中的电子商务物流子论坛作为数据来源,以此收集信息计算投资者情绪指数。

由于本书第4章第4.3节的语料资源是证券分析师对上市公司的研究报告内容,其中已包含部分电子商务行业和物流行业的语料,但为了保证情感分析的准确性,首先,本书从下载帖子中人工挑选部分帖子作为补充语料,加入第4章第4.3.4节的已标注情感语料库(增加的部分测试语料见附录2)。其次,人工挑选物流、供应链领域的情感词语并进行标注,加入第4章第4.3节的情感词典。最后,以整个物流沙龙论坛为范围,收集垃圾、广告帖子加入第4章第4.3节的证券信息分类语料库,重新训练信息分类模型供本章垃圾信息过滤使用。

使用第4章的社交媒体的投资者情绪指数建立模型进行构建物流论坛的投资者情绪指数。首先,采集电子商务物流子论坛的数据,对帖子数据进行预处理。其次,利用重新训练的垃圾信息过滤模型进行垃圾信息过滤。最后,使用重新整理的情感词典和第4章的第4.3节的式(4.11)计算每个帖子的情感倾向值,该处理过程可见图7.2。截至2013年2月8日电子商务物流子论坛的所有帖子,共22 703条。

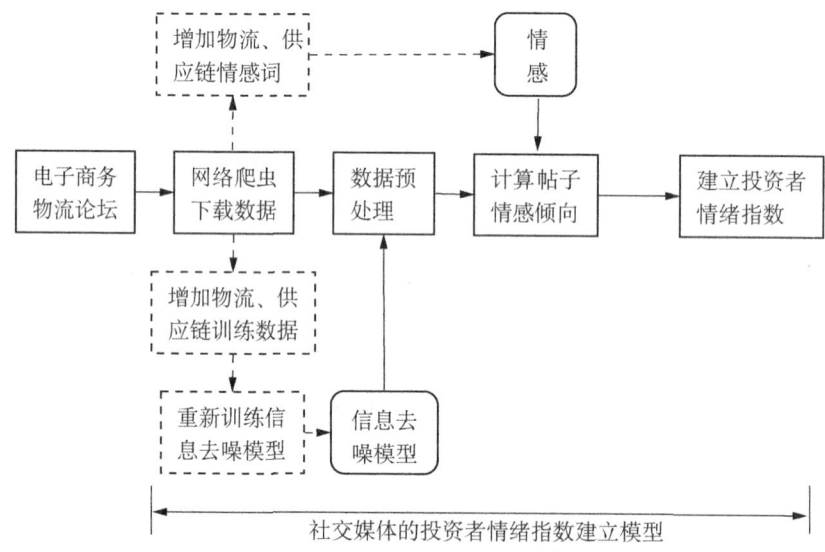

图7.2 物流论坛的投资者情绪指数建立过程示意图

7.2.2.2 建立投资者情绪指数

本章使用周数据进行分析,t 期表示 $t-1$ 周周五下午3点到 t 周周五下午3点。根据样本帖子计算投资者情绪指数:

第7章 物流论坛的投资者情绪与行业板块短期互动及长期影响研究

1) 关注度

第 t 期的关注度指标(Num_t),使用第 t 期物流论坛的发帖量($avlm_t$)进行表示,反映了物流及供应链对行业(总体)的关注程度。

2) 情感倾向值

第 t 期的情感倾向值($Bullish_t$),使用第 t 期内所有帖子的平均情感倾向值进行表示,反映了物流及供应链对行业(总体)的乐观/悲观程度。计算公式如下:

$$Bullish_t = \frac{1}{Num_t} \times \sum_{x=1}^{Num_t} bullish_t \tag{7.4}$$

其中,$bullish_t$ 是第 t 期内第 x($x=1,\cdots,Num_t$)个帖子的情绪值,$Bullish_t>0$ 表示物流及供应链对行业(总体)持乐观态度,$Bullish_t<0$ 表示物流及供应链对行业(总体)持悲观态度,$Bullish_t=0$ 表示中立。

3) 意见分歧度

第 t 期意见分歧度($Disag_t$),它反映了物流及供应链对行业(总体)的意见分歧程度。使用公式(7.5)计算:

$$Disag_t = \left|1 - \left|\frac{N_{pos} - N_{neg}}{N_{pos} + N_{neg}}\right|\right| \tag{7.5}$$

其中,N_{pos} 表示第 t 期内情感倾向值为正数的帖子数量,N_{neg} 表示情感倾向值为负数的帖子数量。$Disag_t$ 取值在[0,1],数值越大表示意见分歧程度越大,若第 t 期内无任何帖子,$Disag_t$ 取 0。

7.2.3 投资者情绪指数与行业板块特征指标的描述性分析

虽然物流沙龙论坛在 2004 年已成立,但在刚成立的前几年,论坛用户的活跃程度并不高,同时考虑到电子商务行业的发展过程,本书选择的研究样本周期为 2008 年 11 月 7 日到 2013 年 2 月 8 日,共有 218 周。从图 7.3 可以看出,从 2008 年年底开始,电子商务物流论坛的发帖量开始逐渐增多。在 2011 年以前,情感倾向值和意见分歧度的波动幅度都比较大,但 2011 年之后,两个指标的变动趋向缓和。

表 7.1 给出全部数据的基本统计特征描述。样本数据的峰度均在 3~6,大多呈现出较明显的尖峰特征。样本数据的偏度在 $-1\sim2$ 波动,呈现大小不等的左(右)偏特征,全部样本序列都表现出非正态性。

社交媒体的投资者情绪与中国证券市场互动关系的实证研究

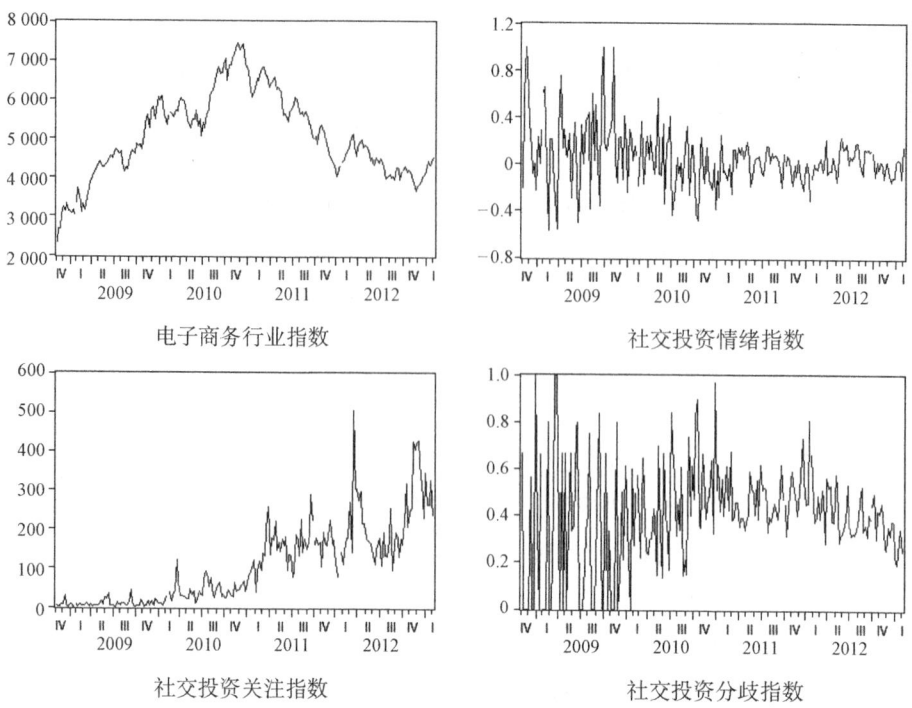

图 7.3 电子商务板块指数与物流论坛的投资者情绪指数在样本区间的走势

表 7.1 所有变量的描述性统计信息

变量	R_t	SIG_t	VLM_t	$Bullish_t$	Num_t	$Disag_t$
平均值	0.003	0.678	15.709	0.051	103.583	0.402
最大值	0.137	2.887	16.631	1.000	506.000	1.000
最小值	−0.126	0.001	14.013	−0.572	0.000	0.000
标准差	0.041	0.532	0.445	0.251	103.072	0.227
偏度	0.091	1.344	−0.716	0.928	1.139	0.001
峰度	3.493	5.045	4.019	5.568	4.093	3.019

7.3 实证分析与结果

7.3.1 模型选择及建立

本书使用向量自回归(VAR)模型对投资者情绪指数与板块指数之间的相

第7章 物流论坛的投资者情绪与行业板块短期互动及长期影响研究

互关系进行分析。使用 VAR 模型主要基于以下几个原因：

（1）物流论坛帖子建立的投资者情绪指数是具有时间顺序的，并不能简单看作独立的事件，VAR 模型可以检查当期和滞后若干期投资者情绪指数对行业板块的动态影响。

（2）VAR 模型可以考察行业板块的三个特征指标对投资者情绪指数的三个指标的独立反馈效果。

（3）脉冲响应分析不仅可以分析行业板块对物流论坛短期内的动态响应，还可以分析长期积累的总响应；通过方差分解可以比较投资者情绪指数的不同指标对板块指数变化的贡献程度。

（4）广义脉冲响应函数和方差分解方法在针对平稳性、异方差和序列自相关等问题上具有鲁棒性。

由于 VAR 模型要求建模的变量都是平稳时间序列，首先采用带有趋势项的 Phillips Perron(PP) 单位根检验方法对全部变量进行平稳性检验。表 7.2 中的 PP 单位根检验结果表明，除了关注度，其余变量在 1% 的显著性水平下均为平稳时间序列，关注度在 5% 显著性水平下也是平稳的时间序列。由于差分处理会损失数据样本的部分信息，因此不对关注度做差分处理，所有变量都直接用于建立 VAR 模型。

表 7.2　PP 单位根检验结果

变量	Num_t	$Bullish_t$	$Disag_t$	R_t	SIG_t	VLM_t
PP 统计量	−3.210**	−11.227***	−13.259***	−15.580***	−14.288***	−7.163***
结论	平稳	平稳	平稳	平稳	平稳	平稳

注：***、**、* 分别表示显著性水平 1%、5% 和 10%，1%、5% 和 10% 临界值分别为 −3.460、−2.875 和 −2.574。

根据平稳性检验结果，三个 VAR 模型分别表示为：

$$\begin{bmatrix} R_t \\ VLM_t \\ SIG_t \\ Num_t \end{bmatrix} = \begin{pmatrix} \alpha_{11}^1 & \cdots & \alpha_{14}^1 \\ \vdots & \ddots & \vdots \\ \alpha_{41}^1 & \cdots & \alpha_{44}^1 \end{pmatrix} \begin{bmatrix} R_{t-1} \\ VLM_{t-1} \\ SIG_{t-1} \\ Num_{t-1} \end{bmatrix} + \begin{pmatrix} \alpha_{11}^2 & \cdots & \alpha_{14}^2 \\ \vdots & \ddots & \vdots \\ \alpha_{41}^2 & \cdots & \alpha_{44}^2 \end{pmatrix} \begin{bmatrix} R_{t-2} \\ VLM_{t-2} \\ SIG_{t-2} \\ Num_{t-2} \end{bmatrix} + \begin{bmatrix} C_{11} \\ C_{12} \\ C_{13} \\ C_{14} \end{bmatrix} + \begin{bmatrix} \varepsilon_{11,t} \\ \varepsilon_{12,t} \\ \varepsilon_{13,t} \\ \varepsilon_{14,t} \end{bmatrix}$$

(7.6)

$$\begin{bmatrix} R_t \\ VLM_t \\ SIG_t \\ Bullish_t \end{bmatrix} = \begin{pmatrix} \beta_{11}^1 & \cdots & \beta_{14}^1 \\ \vdots & \ddots & \vdots \\ \beta_{41}^1 & \cdots & \beta_{44}^1 \end{pmatrix} \begin{bmatrix} R_{t-1} \\ VLM_{t-1} \\ SIG_{t-1} \\ Bullish_{t-1} \end{bmatrix} + \begin{pmatrix} \beta_{11}^2 & \cdots & \beta_{14}^2 \\ \vdots & \ddots & \vdots \\ \beta_{41}^2 & \cdots & \beta_{44}^2 \end{pmatrix} \begin{bmatrix} R_{t-2} \\ VLM_{t-2} \\ SIG_{t-2} \\ Bullish_{t-2} \end{bmatrix} +$$

$$\begin{bmatrix} C_{21} \\ C_{22} \\ C_{23} \\ C_{24} \end{bmatrix} + \begin{bmatrix} \varepsilon_{21,t} \\ \varepsilon_{22,t} \\ \varepsilon_{23,t} \\ \varepsilon_{24,t} \end{bmatrix} \quad (7.7)$$

$$\begin{bmatrix} R_t \\ VLM_t \\ SIG_t \\ Disag_t \end{bmatrix} = \begin{pmatrix} \gamma_{11}^1 & \cdots & \gamma_{14}^1 \\ \vdots & \ddots & \vdots \\ \gamma_{41}^1 & \cdots & \gamma_{44}^1 \end{pmatrix} \begin{bmatrix} R_{t-1} \\ VLM_{t-1} \\ SIG_{t-1} \\ Disag_{t-1} \end{bmatrix} + \begin{bmatrix} C_{31} \\ C_{32} \\ C_{33} \\ C_{34} \end{bmatrix} + \begin{bmatrix} \varepsilon_{31,t} \\ \varepsilon_{32,t} \\ \varepsilon_{33,t} \\ \varepsilon_{34,t} \end{bmatrix} \quad (7.8)$$

三个 VAR 模型的最优滞后阶数均使用 AIC 准则和 SC 准则决定,式(7.6)、式(7.7)和式(7.8)所表示的 VAR 模型的最优滞后阶数分别为滞后 2 阶、滞后 2 阶和滞后 1 阶。

在 VAR 模型基础上,接下来将按以下步骤进行分析:

（1）在分析同期相关性后,使用 Granger 因果关系检验分析变量间的领滞关系。

（2）使用脉冲响应函数分析投资者情绪对电商板块的短期影响及长期(累计)影响。

（3）通过方差分解分析投资者情绪指数的三个指标分别对电商板块特征指标变化影响的重要程度。

7.3.2 变量相关性分析

表 7.3 列出所有样本数据之间的同期相关性分析结果。其中,关注度与电商板块的收益率、成交量和波动率都表现出不同程度的负相关性,且在 10% 的显著性水平下都显著(支持假设 1a 和假设 1b)。在 5% 的显著性水平下,情感倾向值与电商板块的收益率、成交量表现出显著的正相关(支持假设 2)。在 5% 的显著性水平下,意见分歧度与电商板块的收益率、波动率表现出显著负向

相关(支持假设3)。可见,投资者情绪指数与电商板块特征指标之间存在紧密的同期相关性。

表 7.3 变量的同期相关性分析结果

变量	R_t	VLM_t	SIG_t	Num_t	$Bullish_t$	$Disag_t$
VLM_t	0.160**	1.000				
SIG_t	0.154**	0.149**	1.000			
Num_t	−0.151**	−0.269***	−0.129*	1.000		
$Bullish_t$	0.148**	0.135**	0.076	−0.197***	1.000	
$Disag_t$	−0.154**	−0.401	−0.156**	0.092	−0.609***	1.000

注:***、**、*分别表示1%、5%和10%的显著性水平。

7.3.3 物流论坛的投资者情绪对行业板块的预测能力

使用Granger因果关系检验方法考察投资者情绪指数与电商板块特征指标在统计意义上的因果关系,检验结果如表7.4所示。可以看出:

(1) 从面板A可知,在10%的显著性水平下,关注度Granger引起电商板块成交量,此结论支持假设1。

(2) 从面板B可见,情感倾向值在1%的显著性水平下是电商板块收益率的Granger原因,与假设2结论一致。在10%的显著性水平下,情感倾向值也是电商板块波动率的Granger原因,电商板块成交量在5%的显著性水平下时Granger引起情感倾向值。

(3) 从面板C可见,在10%的显著性水平下,意见分歧度是电商板块波动率的Granger原因,而电商板块成交量是意见分歧度的Granger原因,与假设3结论一致。

表 7.4 Granger 因果关系检验结果

原假设	Chi-sq 值
面板 A:关注度 vs. 电商板块特征指标	
R_t 不是 Num_t 的 Granger 原因	0.042
Num_t 不是 R_t 的 Granger 原因	3.828
SIG_t 不是 Num_t 的 Granger 原因	1.101
Num_t 不是 SIG_t 的 Granger 原因	3.897

续 表

原假设	Chi-sq 值
VLM_t 不是 Num_t 的 Granger 原因	0.452
Num_t 不是 VLM_t 的 Granger 原因	5.604*
面板 B：情感倾向值 vs. 电商板块特征指标	
R_t 不是 $Bullish_t$ 的 Granger 原因	1.999
$Bullish_t$ 不是 R_t 的 Granger 原因	14.884***
SIG_t 不是 $Bullish_t$ 的 Granger 原因	0.676
$Bullish_t$ 不是 SIG_t 的 Granger 原因	4.738*
VLM_t 不是 $Bullish_t$ 的 Granger 原因	6.815**
$Bullish_t$ 不是 VLM_t 的 Granger 原因	1.417
面板 C：意见分歧度 vs. 电商板块特征指标	
R_t 不是 $Disag_t$ 的 Granger 原因	0.063
$Disag_t$ 不是 R_t 的 Granger 原因	0.120
SIG_t 不是 $Disag_t$ 的 Granger 原因	0.005
$Disag_t$ 不是 SIG_t 的 Granger 原因	3.233*
VLM_t 不是 $Disag_t$ 的 Granger 原因	5.341**
$Disag_t$ 不是 VLM_t 的 Granger 原因	1.165

注：***、**、*分别表示1%、5%和10%显著性水平。

综上，投资者情绪指数的关注度有助于预测行业板块的成交量，情感倾向值有助于预测行业板块的收益率和波动率，意见分歧度则有助于预测行业板块的波动率，这三个结论与已有文献的实证研究结论相同[76, 97]。基于物流论坛的投资者情绪指数反映了投资者对相应行业的生产经营管理等基本面因素的关注和心理预期，从而可以帮助预测行业板块的盈利状况和盈利能力，进而帮助预测相应行业板块特征指标（收益、成交量和波动率）。

7.3.4 物流论坛的投资者情绪与行业板块的动态分析

在式(7.6)、式(7.7)和式(7.8)表示的三个 VAR 模型基础上，本章通过脉冲响应分析研究投资者情绪指数与电商板块特征指标之间的动态关系。

Eviews 默认的脉冲响应函数结果依赖于 VAR 模型中变量的次序，为了消除变量次序对脉冲影响函数结果的影响，本章的脉冲响应分析改用 MonteCarlo 模拟方法迭代 1 000 次以及扰动项正交矩阵的广义脉冲方法。分

第7章 物流论坛的投资者情绪与行业板块短期互动及长期影响研究

别给任意一个内生变量 Y_{it} 一个标准差单位大小的冲击,则可以得到系统其余内生变量关于 Y_{it} 的脉冲响应函数图。

7.3.4.1 投资者情绪对电商板块的影响分析

1) 关注度对电商板块特征指标的短期影响与长期影响

图 7.4 是投资者情绪指数的关注度冲击(Num_t)分别引起的电商板块收益率响应(R_t)、成交量响应(VLM_t)和波动率响应(SIG_t)的脉冲响应函数图和累计脉冲响应函数图。首先,从图 7.4 左边三幅图可以看出,当在 $t+0$ 期期末给关注度一个正向标准差单位大小冲击,收益率出现微弱负向响应,在前 5 期小

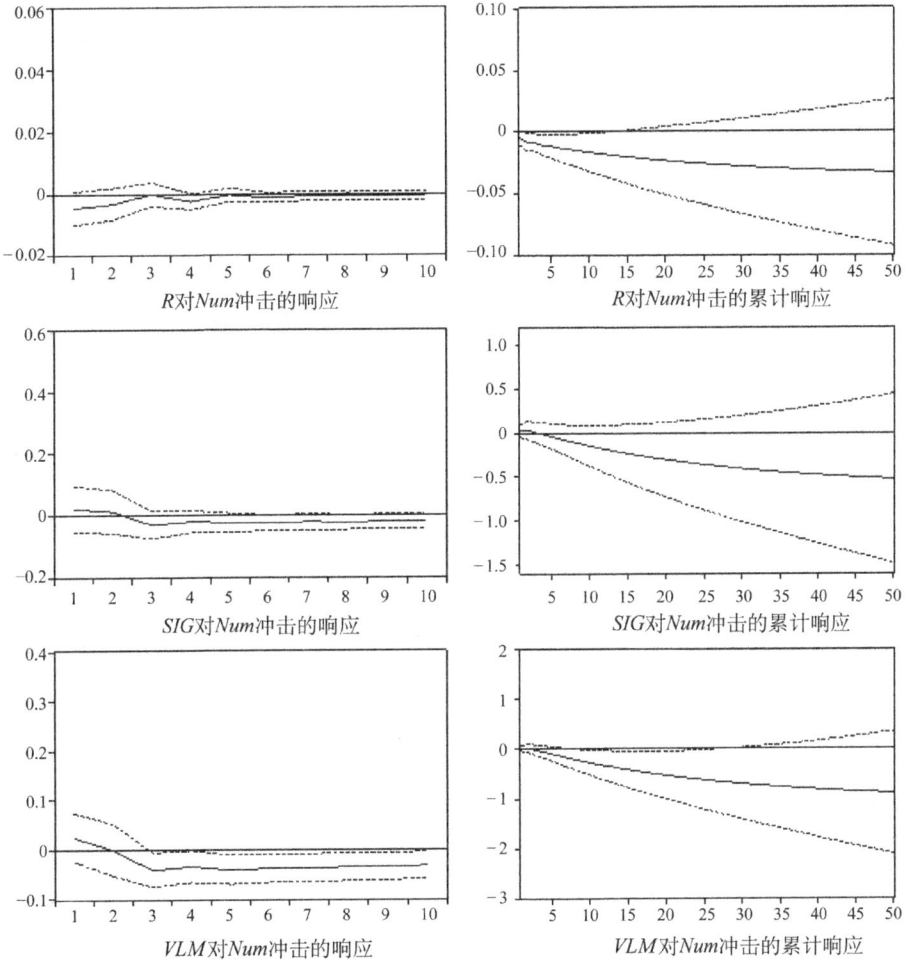

注:横轴表示冲击作用的滞后期数(以周为单位),实线表示脉冲响应函数或累计脉冲响应函数,虚线表示 5% 置信水平的置信区间。

图 7.4 电商板块特征指标对关注度冲击的短期响应及长期响应

幅波动之后逐渐趋近于0,波动率和成交量则在第1期出现微弱正向响应后,第2期响应基本为0,在第3期则都变为负向响应,随后,负向响应虽然微弱,但稳定存在。其次,从图7.4右边三幅图可以看到,关注度累计冲击均引起电商板块收益率、成交量和波动率长期负向响应,且负向响应持续26周后才趋向稳定。由此可见,关注度的正向冲击对行业板块特征指标都带来显著的减弱作用(支持假设1a和1b结论),并且这一显著的减弱作用具有较长的持续作用。

2) 情感倾向值对电商板块特征指标的短期影响与长期影响

图7.5是投资者情绪指数的情感倾向值冲击($Bullish_t$)引起的电商板

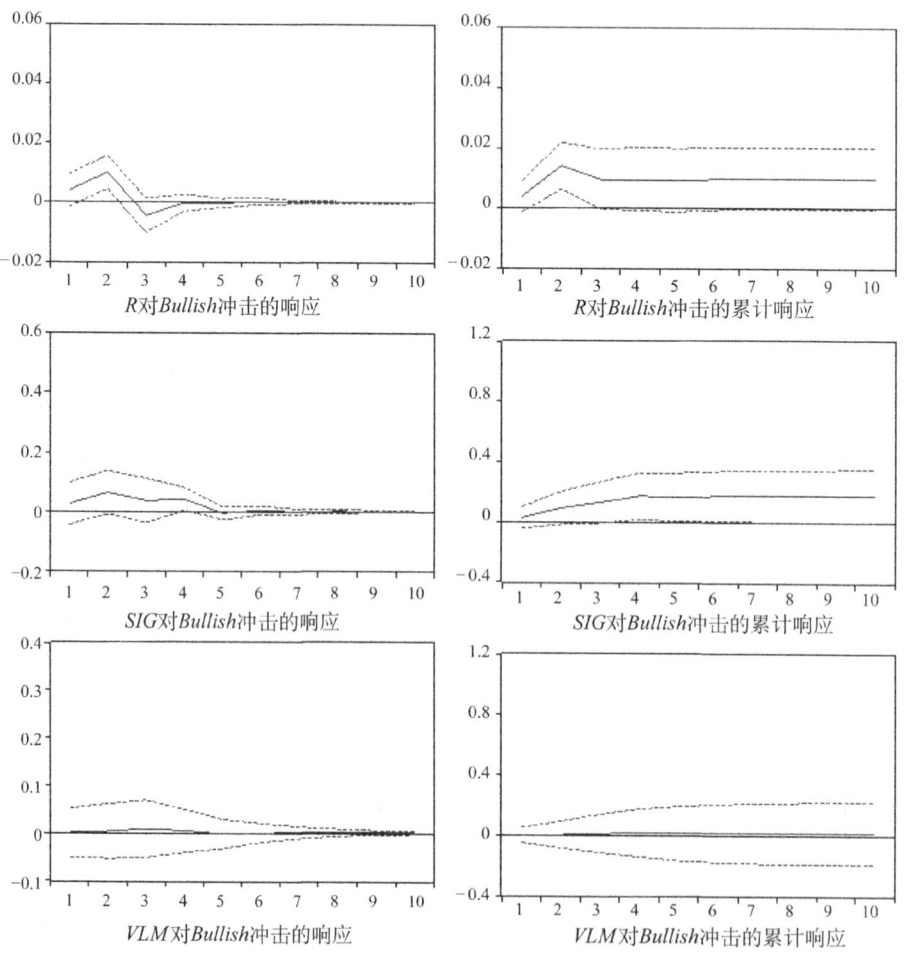

注:横轴表示冲击作用的滞后期数(以周为单位),实线表示脉冲响应函数或累计脉冲响应函数,虚线表示5%置信水平的置信区间。

图7.5 电商板块特征指标对情感倾向值冲击的短期响应及长期响应

第 7 章 物流论坛的投资者情绪与行业板块短期互动及长期影响研究

块收益率响应(R_t)、成交量响应(VLM_t)和波动率响应(SIG_t)的脉冲响应函数图和累计脉冲响应函数图。可以看出,首先,情感倾向值的一个正向标准差单位大小冲击对成交量的影响非常小,几乎可以忽略不计。其次,从图 7.5 左上两幅图中可以看出,当在 $t+0$ 期期末给情感倾向值一个正向标准差单位大小冲击后,收益率在前 2 期小幅波动达到最大值后第 3 期变为负向响应,随后响应趋近于 0;波动率在前 4 期响应先增大后减小,从第 5 期就减弱趋近于 0。最后,从图 7.5 右上两幅图可以看到,情感倾向值累计冲击引起的收益率、波动率累计正向响应在第 4 周左右趋于稳定。由此可见,情感倾向值的正向冲击对行业板块收益率、波动率都带来显著的刺激作用(支持假设 2 结论),并且这一显著的刺激作用将持续 4 周左右,不具备长期效应。

3) 意见分歧度对电商板块特征指标的短期影响与长期影响

图 7.6 是投资者情绪指数的意见分歧度冲击($Disag_t$)引起的电商板块收益率响应(R_t)、成交量响应(VLM_t)和波动率响应(SIG_t)的脉冲响应函数图和累计脉冲响应函数图。可以看出,首先,意见分歧度的正向冲击对收益率、成交量和波动率都起到减弱作用。其次,从图 7.6 左三幅图中可以看出,当在 $t+0$ 期期末给意见分歧度一个正向标准差单位大小冲击,收益率、波动率和成交量的响应在前 5 期都小幅波动并达到负向最大,随后逐渐趋近于 0。最后,从图 7.6 右三幅图可以看到,收益率、波动率和成交量对意见分歧度累计冲击的长期负向响应基本都在第 4 周左右趋于稳定。由此可见,意见分歧度的正向冲击对行业板块特征指标均具有显著的减弱作用(支持假设 3 结论),并且这一显著减弱作用将持续 4 周左右,不具备长期效应。

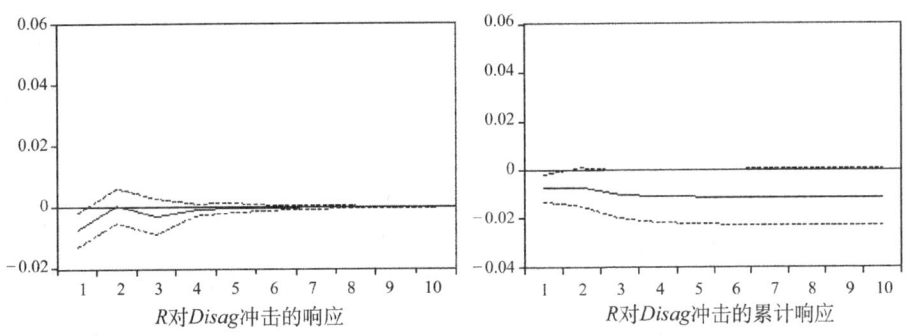

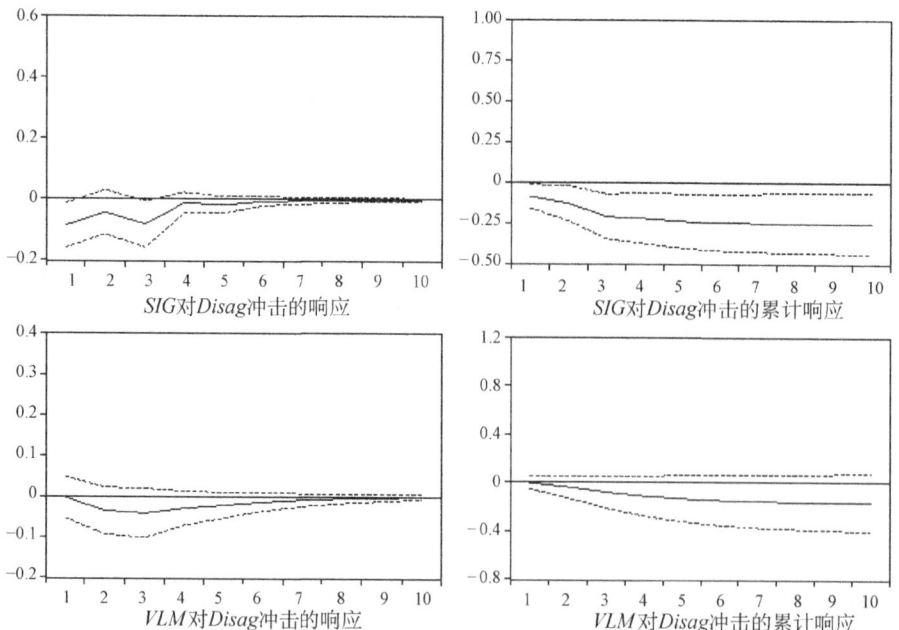

注:横轴表示冲击作用的滞后期数(以周为单位),实线表示脉冲响应函数或累计脉冲响应函数,虚线表示5%置信水平的置信区间。

图7.6 电商板块特征指标对意见分歧度冲击的短期响应及长期响应

7.3.4.2 电商板块对投资者情绪的影响分析

1)电商板块特征指标对关注度的短期影响与长期影响

图7.7是电商板块的收益率冲击(R_t)、成交量冲击(VLM_t)和波动率冲击(SIG_t)引起的关注度响应(Num_t)的脉冲响应函数图和累计脉冲响应函数图。首先,从图7.7右下两幅图中可以看出,波动率冲击和成交量冲击只在前2期引起关注度响应,但响应的大小很微弱,并且影响时间很短暂。其次,收益率冲击给关注度带来显著并持续的反向冲击。从图7.7上两幅图中可以看出,收益率的正向冲击给关注度造成显著的减弱作用,而且这一显著减弱作用将持续超过26周,具有持久效应。

2)电商板块特征指标对情感倾向值的短期影响与长期影响

图7.8是电商板块的收益率冲击(R_t)、成交量冲击(VLM_t)和波动率冲击(SIG_t)引起的情感倾向值响应($Bullish_t$)的脉冲响应函数图和累计脉冲响应函数图。首先,从图7.8左三幅图中可以看出,情感倾向值对电商板块特征指标的正向冲击在前3期都会产生最大正向响应,随后逐步减弱在第6周左右趋近于0。其次,图7.8右三幅图也印证了该结论,电商板块特征指标(收益率、成

交量和波动率)正向冲击给情感倾向值带来显著的正向影响,而且影响将持续5周左右,不具有长期效应。

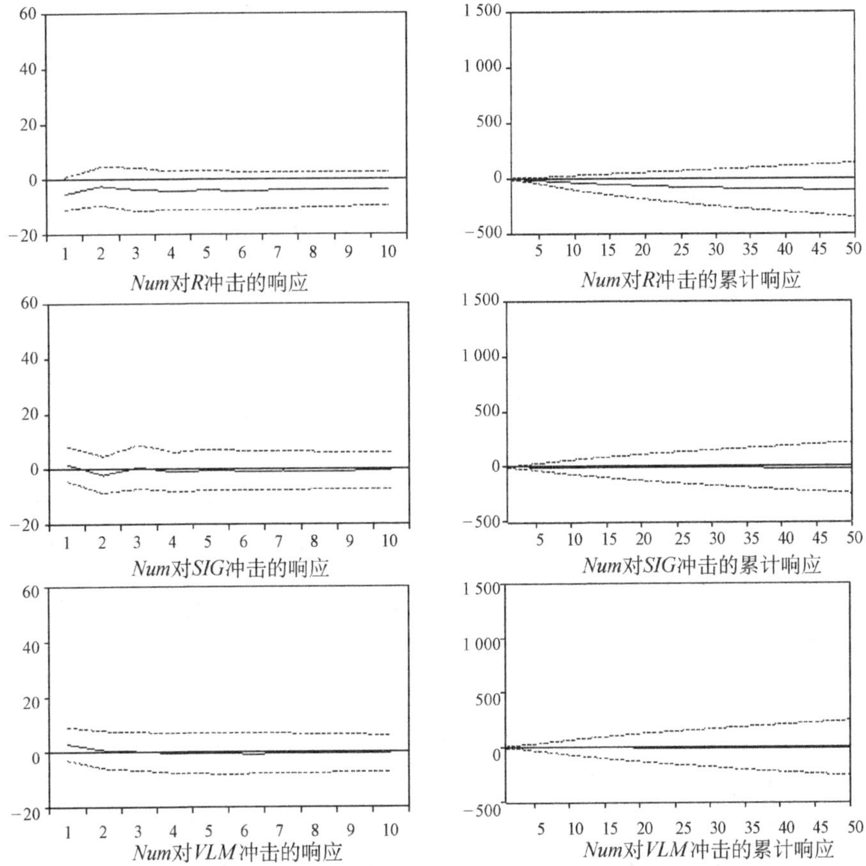

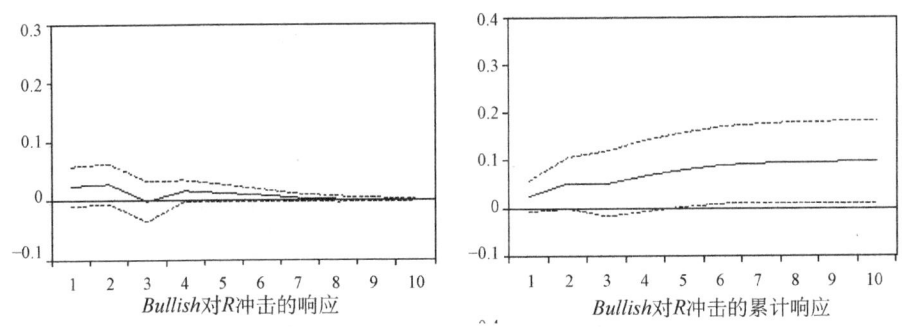

注:横轴表示冲击作用的滞后期数(以周为单位),实线表示脉冲响应函数或累计脉冲响应函数,虚线表示5%置信水平的置信区间。

图7.7 关注度对电商板块各特征指标冲击的短期及长期响应

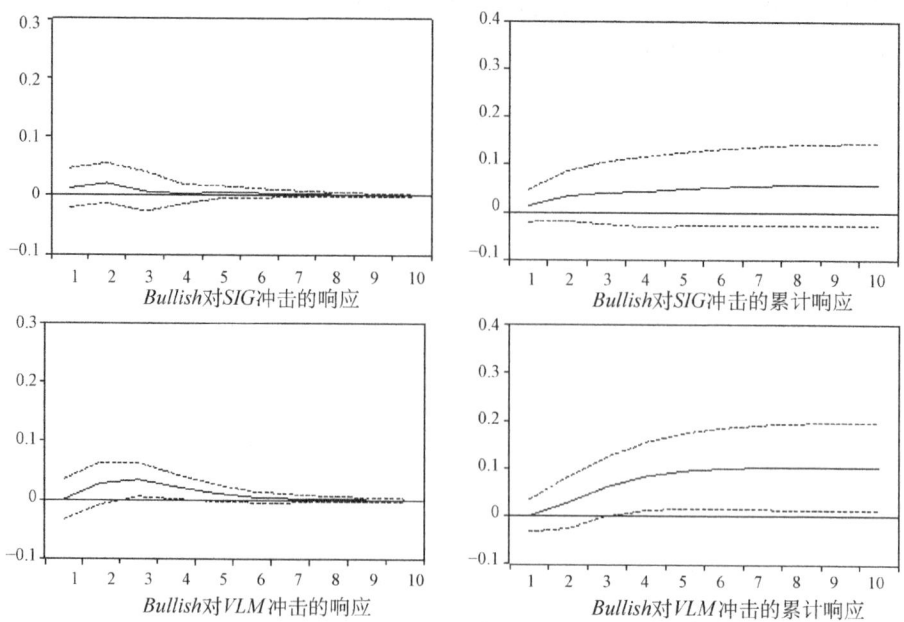

注：横轴表示冲击作用的滞后期数(以周为单位)，实线表示脉冲响应函数或累计脉冲响应函数，虚线表示5%置信水平的置信区间。

图7.8　社交投资指数对行业指数冲击的短期及长期响应

3) 电商板块特征指标对意见分歧度的短期影响与长期影响

图7.9是电商板块的收益率冲击(R_t)、成交量冲击(VLM_t)和波动率冲击(SIG_t)引起的意见分歧度响应($Disag_t$)的脉冲响应函数图和累计脉冲响应函数图。首先，从图7.9左三幅图中可以看出，意见分歧度对电商板块特征指标的正向冲击基本给出负向响应，负向响应基本都持续5期左右。其次，图7.9右三幅图也给出相一致结论，行业板块特征指标的正向冲击给意见分歧度带来显著的反向影响，该影响具有5周左右的持续效应，不具有长期效应。

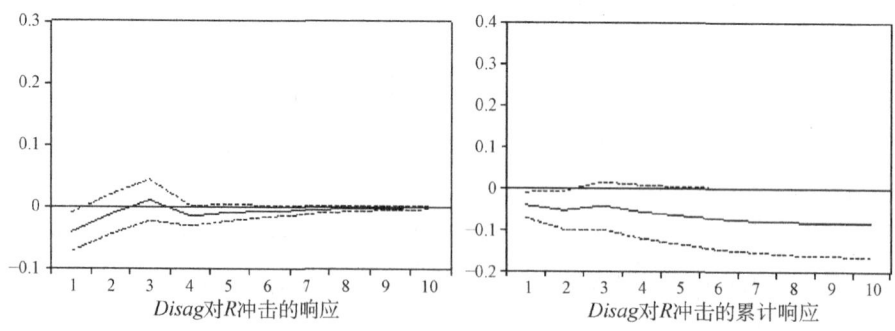

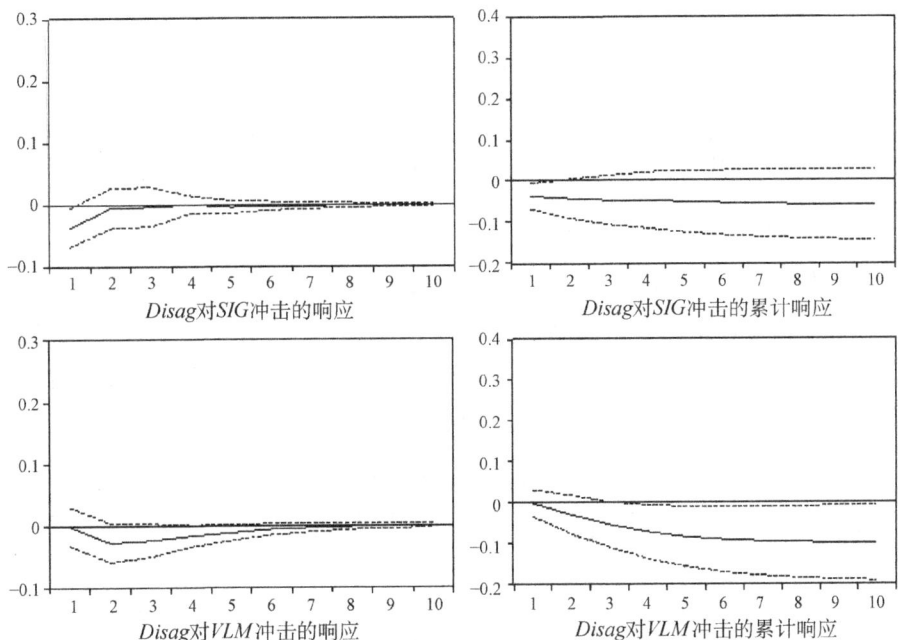

注:横轴表示冲击作用的滞后期数(以周为单位),实线表示脉冲响应函数或累计脉冲响应函数,虚线表示5%置信水平的置信区间。

图 7.9　社交投资分歧指数对行业指数冲击的短期及长期响应

7.3.5　物流论坛的投资者情绪指数各指标的重要性检验

为了衡量投资者情绪指数各个指标对行业板块特征指标的影响大小,本书使用 VAR 模型提供的另外一种描述系统动态的方法——方差分解,通过考察各个内生变量对其他变量的方差贡献率进行分析。

表 7.5、表 7.6、表 7.7 分别给出投资者情绪指数各个指标变化对电商板块收益率、波动率和成交量的方差分解结果。

从表 7.5 可以看出,不考虑行业板块特征指标自身的贡献率,情感倾向值和意见分歧度对行业板块收益率的贡献率较大,在第 6 期左右趋于稳定,分别在 7% 和 5% 左右,比同期波动率对收益率的贡献率(3% 左右)还要高出一些。关注度的贡献率较小,但仍高于同期成交量的贡献率,而且贡献率逐渐增加,在 30 期左右达到 1.907%。

表 7.5　电商板块收益率的方差分解结果

周数	方差	R_t	SIG_t	VLM_t	$Bullish_t$	Num_t	$Disag_t$
1	0.038	100.000	0	0	0	0	0
3	0.042	82.294	3.679	0.889	7.416	0.890	4.832
6	0.042	81.360	3.691	1.013	7.375	1.431	5.130
30	0.042	80.964	3.674	1.011	7.339	1.907	5.105

从表 7.6 可以看出，不考虑行业板块特征指标自身的贡献率，情感倾向值和意见分歧度对波动率的贡献率逐步增长，在第 6 期左右趋于稳定，分别在 2.5% 和 1.2% 左右，虽然不及收益率的贡献率，但是远高于成交量的贡献率。关注度的贡献率逐渐增加，在 30 期左右达到 2.476%。

表 7.6　电商板块波动率的方差分解结果

周数	方差	R_t	SIG_t	VLM_t	$Bullish_t$	Num_t	$Disag_t$
1	0.512	0.732	99.268	0	0	0	0
3	0.536	4.346	92.615	0.247	1.733	0.209	0.850
6	0.542	4.413	90.857	0.267	2.537	0.703	1.223
30	0.547	4.404	89.137	0.263	2.491	2.476	1.230

从表 7.7 可以看出，不考虑行业板块特征指标自身的贡献率，情感倾向值的贡献率很低（不到 0.2%），而意见分歧度对成交量的贡献率逐步增长并第 6 期左右趋于稳定（约 2.3%），关注度的贡献率呈现缓慢增加，在 30 期左右达到 8.470%，远高于波动率的贡献率。

表 7.7　电商板块成交量的方差分解结果

周数	方差	R_t	SIG_t	VLM_t	$Bullish_t$	Num_t	$Disag_t$
1	0.354	4.004	1.748	94.248	0	0	0
3	0.427	19.858	1.747	75.881	0.142	0.929	1.442
6	0.442	21.709	1.887	70.972	0.200	2.852	2.379
30	0.456	20.594	1.776	66.648	0.191	8.470	2.320

7.3.6　对实证结果的分析和讨论

本章验证了物流论坛的投资者情绪指数与行业板块特征指标之间的互动

第7章 物流论坛的投资者情绪与行业板块短期互动及长期影响研究

关系。从 Granger 因果关系检验结果(见表 7.4)可以看出,关注度有助于预测行业板块成交量,情感倾向值有助于预测行业板块的收益率和波动率,以及意见分歧度有助于预测行业板块波动率。由此可见,物流及供应链对行业总体走势的关注、心理预期的变化,真实反映了行业当前一段时间内的基本面情况,从而先行于行业板块特征指标变化。

通过脉冲响应分析和方差分解分析,本章发现:

(1) 投资者情绪指数的关注度和意见分歧度上升表明了投资者对行业盈利能力和保利能力出现了争议和分歧,行业风险加大,通过市场反映出来就是行业板块收益下降、市场投资者购买意愿下降、交易量萎缩。

(2) 投资者情绪指数的情感倾向值反映了物流及供应链对行业总体的乐观/悲观态度,物流及供应链对行业总体乐观情绪上升,行业当期有所盈利,行业板块收益上升、市场投资者信心增强、购买意愿上涨、成交量放大。

(3) 情感倾向值和意见分歧度与行业板块特征指标之间的联动效应持续 5 周左右,不具有长期效应。而关注度与行业板块特征指标之间的联动效应持续 26 周以上,具有长期效应;与 Clarke 和 Statman[110] 和 Da 等[182] 所得的结论基本一致。

(4) 投资者情绪指数的三个指标对行业板块各个特征指标的影响程度有所差异,情感倾向值和意见分歧度对收益率的影响最为重要;情感倾向值和关注度对波动率的影响要大于意见分歧度引起的影响;而在研究交易成交量时,则需要重点留意关注度和意见分歧度引起的影响。

本书的实证分析仍有一些结论有待后续深入研究。由于数据收集原因,本书没有从上市公司层面研究投资者情绪指数与上市公司个股特征指标之间的互动关系,今后研究工作可以从该方面着手。

7.4 本章小结

首先,本章参考前人的研究成果与不足提出了合理可行的研究假设。其次,本章以电商板块特征指标为实证研究样本,建立了物流论坛的投资者情绪指数,并对电商板块特征指标和投资者情绪指数的统计学特征进行描述,同时利用 VAR 向量自回归模型研究投资者情绪指数与行业板块特征指标之间的互动关系。本章的研究表明,物流论坛的投资者情绪指数可以帮助预测行业板块的收益率、成交量和波动率,同时,情感倾向值与行业板块特征指标之间的正向联动效应、意见分歧度与行业板块特征指标之间的负向联动效应都持续 5 周左右,而关注度与行业板块特征指标之间的负向联动效应将持续 26 周以上,具有长期效应。反之,行业板块收益率、成交量和波动率冲击同样也会对投资者情绪产生影响。最后,本章还对投资者情绪指数各指标的重要性进行了检验。

  本章提出可通过物流论坛获得投资者对行业基本面信息,并从实证上检验了思路是可行的。不同类型的社交媒体可以提供不同的信息,市场投资者进行投资决策时,可以通过多渠道获取信息,从多方面分析市场、行业和公司的基本面状况,充分利用社交媒体来有效提高信息透明度和资本配置效率。

第8章 结论与展望

8.1 主要结论和启示

目前,针对社交媒体 UGC 与证券市场之间关系的研究尚处于起步阶段,仍有很多研究领域需要开拓。本书从理论上分析了社交媒体、市场信息、投资者情绪和证券市场之间的内在关系,通过引入投资者情绪作为研究社交媒体 UGC 与证券市场的中间变量构建社交媒体的投资者情绪指数。首先,在实证上使用基于新浪微博的投资者情绪指数的两个指标作为信息流、情绪流的代理变量,检验社交媒体信息流、情绪流对超短期市场波动性的影响。其次,在新浪微博的非基本面话题的 UGC 基础上建立投资者情绪指数,研究社交媒体中投资者情绪指数与市场指数收益、交易量之间的短期联动关系。最后,在物流论坛中就行业基本面话题的 UGC 基础上建立投资者情绪指数,重点分析投资者情绪指数与行业板块之间的短期联动和长期效应。作为一次探索性的尝试,本书的主要研究结论如下:

(1) 本书构建了社交媒体的投资者情绪指数,对 UGC 从投资者关注、情感倾向和意见分歧三方面进行量化,通过统计分析方法发现投资者情绪指数与市场实际情况大致吻合,基本能反映出样本期间国内市场中各方参与者的心理情绪状态,初步验证了建立投资者情绪指数是目前有效可行的量化社交媒体 UGC、将社交媒体应用于证券市场的方式。

(2) 从文本分类、情感分类多种技术比较分析,以及对投资者情绪指数整体效果的分析基础上,验证了本书基于语义的极性累计情感分析方法具有一定的灵敏性。在建立投资者情绪指数的过程中,本书建立的证券领域的情感词典、已标注情感语料库和证券信息分类语料库,为今后相关研究工作补充了语料资源。

(3) 建立新浪微博的投资者情绪指数,分析新浪微博的信息流、情绪流对超短期市场指数波动性的影响,发现在控制开盘影响和成交量所包含的信息量后,社交媒体信息流依然对日内波动率有显著的正向影响,而社交媒体情绪流也对日内波动率有显著的反向影响,乐观情绪可以缓和市场波动,悲观情绪则会加剧市场波动,这表明即时通信社交媒体中的信息流、情绪流可以在极短时间内融入市场价格当中,从而对日内市场波动性产生影响。

(4)大多数投资者在即时通信社交媒体围绕财经新闻、实盘播报和突发事件等话题的讨论内容大多是影响市场短期走势的非基本面信息,本书通过分析新浪微博的投资者情绪指数与市场收益、交易量之间的联动效应,验证了投资者情绪指数对交易量的预测能力,并发现投资者情绪指数的关注度指标、意见分歧度指标与证券市场特征指标之间存在反向联动关系,投资者情绪指数的情感倾向值指标与证券市场特征指标之间存在正向联动关系,而且不存在长期效应。这表明社交媒体的讨论内容蕴含着丰富的反映投资者情绪且反映短期市场走势的有效信息。

(5)本书提出通过社交媒体获取及时并真实的基本面信息的方式,从理论上分析其可能性,通过建立物流论坛的投资者情绪指数并将其作为投资者对基本面信息的关注、心理预期和意见分歧的代理变量,考察投资者情绪指数与行业板块特征指标之间的短期联动和长期效应。本书发现,投资者情绪指数的关注度可以帮助预测行业板块成交量,情感倾向值可以帮助预测收益率和波动率,以及意见分歧度可以帮助预测波动率。关注度指标、意见分歧度指标与行业板块特征指标之间呈现反向联动关系,以及情感倾向值指标与行业板块特征指标之间呈现正向联动关系。本书同时发现,关注度指标与行业板块之间的正向联动效应将持续 26 周以上,具有长期效应。由此可见,物流论坛同样蕴含着丰富的反映投资者情绪且反映短中期市场走势的有效信息。

本书受启于对国内社交媒体的兴起及国内外对社交媒体 UGC 与证券市场之间关系的相关研究,最终落脚在为实际问题提供可借鉴的思路和可实现的技术框架。从本书的主要结论出发,国内社交媒体 UGC 的确蕴含了丰富的影响投资者情绪、投资行为且反映证券市场走势的有效信息。首先,建立社交媒体的投资者情绪指数是展开相关领域研究的首要步骤,本书进行了一次有益探索,对相关研究提供了补充,同时也提供了新的思路和方法。其次,建立社交媒体的投资者情绪指数可以为市场各方参与者提供即时、真实且全面的投资者信息,具有重要的现实价值。对于投资者而言,可以及时地进行即时投资决策和规避风险;对第三方机构而言,可以为改进和完善金融资产评价系统提供客观的参考依据;对政府监管部门而言,是理解和稳定投资者心理变化、引导投资者长期投资和价值投资的有效依据,也是实施实时市场监管、发挥外部监督职能的有效手段,可以保障我国证券市场沿着健康有序的方向发展。

8.2 不足和工作展望

由于学术水平和技术手段的限制,本书的研究工作尚有许多不足之处,有待今后进一步研究工作的解决和探讨,主要包括:

(1) 受技术手段和知识面的限制,本书在建立证券领域的情感语料库和情感词典时不可避免地会遗漏网络文本中变化快、时效性强和复杂的情感语料和情感词汇,这会影响文本中情感分析的准确率。在今后的工作中,我们需要不断扩充和更新这些金融证券领域的语料资源。同时,本书构建投资者情绪指数的方法仍有很多待改进的地方,如没有区分投资者评价的对象及属性,没有考虑发帖人的可信赖程度,也没有考虑发帖时间等对投资者情绪的影响,后续工作需要进一步对细粒度情感分析技术进行优化。

(2) 受技术条件和数据获取的限制,本书只选取国内证券市场的市场指数和行业板块指数作为考察对象,并没有覆盖上市公司个股层面,同时,也只选取了单个社交媒体的投资者情绪指数。今后,我们不仅需要考虑上市公司个股层面的研究工作,还需要考虑将多个社交媒体的用户原创内容聚合作为信息来源,尽可能多地覆盖市场信息。

(3) 受知识面的限制,本书仅以社交媒体的文本内容为研究对象,研究其对投资者情绪的影响及其与证券市场之间的关系,并没有将社交媒体的网络结构、用户特征等因素加入考察范围。在今后的工作中,我们可从社交网络的结构特征入手,考察其对市场信息传播机制、投资者情绪和投资决策行为的影响,或将内容特征和结构特征结合,改进和提高投资者情绪指数对投资者信息刻画的准确性和及时性。

附　　录

附录1　标注情感语料库(部分语料)

三分类语料库	五分类语料库	语料举例
正面	极度正面	1. 在不考虑可能的外延式发展的背景下,公司未来3年净利增速CAGR高达55%,我们认为公司目前股价仍然在一定程度上被低估,维持"强烈推荐"评级,目标价30元,对应2015年30倍PE。 2. 加上后续结构钢骨的投资,未来成长性将抬升。维持强烈推荐评级。市场担忧地产造成公司股价压制,目前对应2014年PE仅8倍,长期来看明显低估。 3. 我们认为公司2014年业绩将大幅向上。且公司存在环保车提价、资源进一步整合等可能,具备想象空间。现股价仍在底部,维持强烈推荐的投资评级,目标价11元。
	正面	1. 受益于视频主业的稳步增长和数据业务的突破发展,公司收入持续增长。 2. 主要是因为原材料购入成本下降,致使产品毛利率与去年同期相比增长较大。 3. 通过本次投资,公司积极探索进入3D打印材料领域,将在陶瓷墨水研发及产业化的基础上,加强其他3D打印材料的研发,抓住行业发展机会,实现产业升级发展。
中立	中立	1. 安赛蜜和麦芽酚上公司市占率已比较高,继续大规模扩张可能性不大,因此公司有望开发生产其他甜味剂食品添加剂。 2. 行业竞争加剧,并购不确定。 3. 如能合理调整成本5年收入达到100亿元值得期待。
负面	负面	1. 我们预计公司一季度盈利同比下滑幅度可能超过50%。 2. 受国内限动芯棒堆焊修复技术不断成熟及国内铸管生产企业新上芯棒生产线投产导致竞争加剧影响,公司限动芯棒产品收入同比下降28.46%。 3. 公司业绩继续低于预期主要由于行业供给过剩以及下游需求减少所致。

续 表

三分类语料库	五分类语料库	语料举例
负面	极度负面	1. 目前公司正在积极协调经销商和电商的渠道划分问题,干参价格也有一定降幅。我们预计公司一季度盈利同比下滑幅度可能超过50%。 2. 公司票价难有明显改善,将同比持平或略有上升;2014年货运或将和2013年一样疲软。 3. 尽管2012年第四季度单位煤炭销售成本环比有所回落……但是我们预计公司2013年生产成本还将面临一定的上行压力,主要是由于人工成本特别是海外人工成本预计仍刚性上涨;短期对于煤炭价格的走势我们仍然不乐观,全年均价同比下滑的局势或难以扭转。

社交媒体的投资者情绪与中国证券市场互动关系的实证研究

附录2 标注情感语料库增加的物流相关语料

补充语料子集	涉及内容	举例
持乐观态度	供应链状况	京东商城也发出致歉信,由于订单积压和物流的延迟,造成了"即使每天两班倒,还是有两千个单子不能出货"的窘状。
		明白了这一点,上燃终于在电子商务和物流的坐标中标定了自己的位置,为进一步的物流信息系统选型找准了方向。
		公司拥有一定规模和运能的配送车队和船队,为客户提供完善的物流配送系统。
		你们参与实施人员的执行有力也是很重要的原因,赞!
		云南的玉溪卷烟厂的自动化立体仓库难么厉害,可观而不可亵玩……
	工作繁忙	大的B2C没有批次了,打印机一天在打都打不完,不能再等了。
		公司通知停收淘宝快件确有此事,目的是腾出人力物力和时间,将积压在分拨中心的快件分派出去。
		但是已经上线一段时间了,订单也在平稳增长中,现在公司正准备大力做推广活动,预计未来不久,订单可能会有一个爆发性的增长。
		我抽时间整理下吧,最近工作好忙好忙哦……
		安排上游部门到物流支援。
持悲观态度	供应链状况	配送这一块要听听直接和客户沟通的配送员的想法,然后总结,加以实现,以提高效率,现实是各个物流配送企业都不重视最底层的员工。
		凡客订单出现大面积萎缩,高朋团购鼻祖已经入不敷出,淘宝商城更换天猫品牌再战江湖等等一切,都似乎昭示着电商寒流的到来。
		这样加上物流、人员、管理、库房、广告之后,基本上处于赔钱的状态。
		如果不投资建设体系,按照现状来看,麦考林也很难翻身。
	工作繁忙	最近比较清闲,特想做一份培训的PPT来说明一下电商物流如何打破瓶颈,增加效益。
		现在几个人闲得都可以一块打牌了。
		我就是年底这段时间比较无聊,看到有这么个专题,就顺便找点资料。

参 考 文 献

[1] SHARPE W F. Capital asset prices: A theory of market equilibrium under conditions of risk*[J]. The journal of finance, 1964, 19(3): 425-442.

[2] ARROW K J. The economics of information: An exposition[J]. Empirica, 1996, 23(2): 119-128.

[3] GROTH J C. Security-Relative Information Market Efficiency: Some Empirical Evidence[J]. Journal of Financial and Quantitative Analysis, 1979, 14(3): 573-593.

[4] 刘梦月. 竞争强度与反馈对市场信息创造性整合的影响[D].重庆:西南大学,2018.

[5] 宋丹. 证券市场信息对投资者情绪影响的社会物理学机理研究[D].兰州:兰州理工大学,2020.

[6] 林雁,唐雪松,彭情.公司信息披露质量与传闻澄清公告效果[J].南开经济研究,2019(1):173-193.

[7] WANG M, ZHAO W, TAO Y. Does voluntary disclosure on an internet platform affect analyst forecast accuracy?[J]. Applied Economics Letters, 2021:1-9.

[8] ELISABETH L, PAUL N. Blowing up money? The earnings penalty of smoking in the 1970s and the 21st century[J]. Journal of Health Economics, 2018, 60: 39-52.

[9] LEIMAR O, MCNAMARA J M. Learning leads to bounded rationality and the evolution of cognitive bias in public goods games[J]. Scientific Reports, 2019, 9(1): 16319.

[10] OSBORNE-CROWLEY K. Social Cognition in the Real World: Reconnecting the Study of Social Cognition With Social Reality[J]. Review Of General Psychology, 2020, 24(2): 144-158.

[11] ASTOBIZA A M. Internet and social cognition[J]. Revista De Humanidades, 2018, 33: 117-129.

[12] METAWA N, HASSAN M K, METAWA S, et al. Impact of behavioral factors on investors' financial decisions: case of the Egyptian stock market[J]. International Journal of Islamic and Middle Eastern Finance and Management, 2019, 12(1): 30-55.

[13] MEIER C. Aggregate Investor Confidence in the Stock Market[J]. Journal of

Behavioral Finance, 2018, 19(4): 421-433.

[14] OUZAN S. Loss aversion and market crashes [J]. Economic Modelling, 2020, 92: 70-86.

[15] TAIT V, MILLER H L. Loss Aversion as a Potential Factor in the Sunk-Cost Fallacy [J]. International Journal of Psychological Research, 2019, 12(2): 8-16.

[16] LEE S, LEE K. 3% rules the market: herding behavior of a group of investors, asset market volatility, and return to the group in an agent-based model [J]. Journal of Economic Interaction and Coordination, 2021, 16(2): 359-380.

[17] HUDSON Y, YAN M L, ZHANG D L. Herd behaviour & investor sentiment: Evidence from UK mutual funds [J]. International Review of Financial Analysis, 2020, 71: 101494.

[18] PERESS J, SCHMIDT D. Glued to the TV distracted noise traders and stock market liquidity[J]. Journal of Finance, 2020, 75(2): 1083-1133.

[19] CURMEI-SEMENESCU A, TILICA E V, CURMEI C V. Investors' Choices and Strategic Financial Decisions of the Companies. Evidence from an Analysis of the Capital Budgeting Policy Implications on Shares Valuation [J]. Sustainability, 2021, 13(8): 4112.

[20] CHEEMA M, MAN Y M, SZULCZYK K R. Does Investor Sentiment Predict the Near-Term Returns of the Chinese Stock Market? [J]. International Review of Finance, 2020, 20(1): 225-233.

[21] ZHOU L Y, YANG C P. Investor sentiment, investor crowded-trade behavior, and limited arbitrage in the cross section of stock returns [J]. Empirical Economics, 2020, 59(1): 437-460.

[22] 饶育蕾,彭叠峰,盛虎.行为金融学[M].北京：机械工业出版社,2018.

[23] 张继海,刘雅玫.我国股票市场投资者情绪与市场收益研究——基于个人与机构的比较分析[J].山东社会科学,2020(2):81-86.

[24] 郁晨.投资者情绪理论、度量及应用研究综述[J].金融评论,2017,9(3):111-122,126.

[25] 张宁,尹乐民,何立峰.网络股评"发布者-关注者"BSI与股票市场关联性研究[J].数据分析与知识发现,2018,2(6):1-12.

[26] OLIVEIRA N, CORTEZ P, AREAL N. Stock market sentiment lexicon acquisition using microblogging data and statistical measures [J]. Decision Support Systems, 2016, 85: 62-73.

[27] 陈其安,雷小燕.货币政策、投资者情绪与中国股票市场波动性:理论与实证[J].中国管理科学,2017,25(11):1-11.

[28] 洪祥骏,吉利.宏观经济、市场情绪与口红效应[J].经济学报,2019,6(4):1-34.

[29] 孟勇,常静.投资者情绪对规模效应的影响[J].统计与信息论坛,2019,34(4):98-104.

[30] LIU J S, SUI Y Y, MA F. The Measurement Method of Investor Sentiment and Its Relationship with Stock Market [J]. Computational Intelligence and Neuroscience, 2021, 1-11.

[31] 刘金全,廖文欣.我国金融市场压力对宏观经济的非线性效应——基于子市场内部压力及跨市场压力溢出双视角[J].南京社会科学,2021,4(4):12-29.

[32] 原东良.投资者情绪与股票横截面收益——基于微博数据的实证研究[J].金融与经济,2018,4(7):31-39.

[33] 向诚,陆静.基于技术分析指标的投资者情绪指数有效性研究[J].管理科学,2018,31(1):129-148.

[34] 杨德成. 正反馈交易、投资者情绪与股市异象[D].杭州:浙江大学,2018.

[35] 尹海员,吴兴颖.投资者日度情绪、超额收益率与市场流动性——基于DCC-GARCH模型的时变相关性研究[J].北京理工大学学报(社会科学版),2019,21(5):76-87,114.

[36] BATHIA D, BREDIN D. Investor sentiment: Does it augment the performance of asset pricing models? [J]. International Review of Financial Analysis, 2018, 59: 290-303.

[37] AN N, WANG B X, PAN P L, et al. Study on the influence mechanism of air quality on stock market yield and Volatility: Empirical test from China based on GARCH model [J]. Finance Research Letters, 2018, 26: 116-125.

[38] SHAHZAD F. Does weather influence investor behavior, stock returns, and volatility? Evidence from the Greater China region [J]. Physica A: Statistical Mechanics and its Applications, 2019, 523: 525-543.

[39] BERMAN A S. "Open Diary lets people anonymously bare their souls"[D]. USA Today.pp, 2000-09-07(03).

[40] MUTUM D, WANG Q. Consumer generated advertising in blogs[J]. Handbook of Research on Digital Media and Advertising: User Generated Content Consumption, 2010, 1: 248-61.

[41] KAPLAN A M, HAENLEIN M. Users of the world, unite! The challenges and opportunities of Social Media[J]. Business horizons, 2010, 53(1): 59-68.

[42] O'REILLY T. What is web 2.0[M]. O'Reilly Media, Inc., 2009.

[43] QIAO F. Conceptualizing Interactivity on Social Media and Exploring the Effects of Interactivity on Consumers' Engagement with Online Social-Interactions [J]. International Journal of Information Management, 2018, 42: 65-77.

[44] MORGAN N, JONES G, HODGES A. The Complete Guide to Social Media From The Social Media Guys[J]. Social Media, 2012.

[45] AGICHTEIN E, CASTILLO C, DONATO D. Finding high-quality content in social

media[C] //Proceedings of the 2008 International Conference on Web Search and Data Mining. ACM, 2008: 183-194.

[46] ROWLANDS I, NICHOLAS D, RUSSELL B. Social media use in the research workflow[J]. Learned Publishing, 2011, 24(3).

[47] KIETZMANN J H, HERMKENS K, MCCARTHY I P. Social media? Get serious! Understanding the functional building blocks of social media[J]. Business horizons, 2011, 54(3): 241-251.

[48] KAPLAN A M, HAENLEIN M. Users of the world, unite! The challenges and opportunities of Social Media[J]. Business horizons, 2010, 53(1): 59-68.

[49] YANG W, LIN D T, YI Z L. Impacts of the mass media effect on investor sentiment [J]. Finance Research Letters, 2017, 22: 1-4.

[50] TETI E, MAURIZIO D, ALBERTO A. The relationship between twitter and stock prices. Evidence from the US technology industry [J]. Technological Forecasting and Social Change, 2019, 149: 119747.

[51] XU Y G, WANG J Q, CHEN Z L, et al. Sentiment indices and stock returns: Evidence from China [J]. International Journal of Finance & Economics, 2021.

[52] NTI I K, ADEKOYA A F, WEYORI B A. Predicting Stock Market Price Movement Using Sentiment Analysis: Evidence From Ghana[J]. Applied Computer Systems, 2020, 25: 33-42.

[53] SADIK Z A, DATE P M, MITRA G. News augmented GARCH(1,1) model for volatility prediction[J] IMA Journal of Management Mathematics, 2019, 30(2): 165-185.

[54] MANGEE N. Stock Returns and the Tone of Marketplace Information: Does Context Matter? [J]. Journal of Behavioral Finance, 2018, 19(4): 396-406.

[55] HSU Y J, LU Y C, YANG J J. News sentiment and stock market volatility [J]. Review of Quantitative Finance and Accounting, 2021, 1-30.

[56] SAKPHOOWADON S, WISITPONGPHAN N, HARUECHAIYASAK C. Probabilistic Lexicon-Based Approach for Stock Market Prediction: A Case Study of The Stock Exchange of Thailand (SET) [C]. 2018 18th International Symposium on Communications and Information Technologies(ISCIT), 2018: 383-388.

[57] HISANO R, SORNETTE D, MIZUNO T, et al. High quality topic extraction from business news explains abnormal financial market volatility[J]. PloS one, 2013, 8(6): e64846.

[58] 裘江南, 葛一迪. 股市危机情境下社会媒体投资者情绪对股票市场的影响研究[J]. 管理评论, 2021, 33(5): 281-294.

[59] HILL S, READY-CAMPBELL N. Expert stock picker: the wisdom of (experts in) crowds[J]. International Journal of Electronic Commerce, 2011, 15(3): 73-102.

[60] AVERY C, CHEVALIER J A, ZECKHAUSER R J. The "CAPS" prediction system and stock market returns[R]. National Bureau of Economic Research, 2011.

[61] KOSKI J L, RICE E M, TARHOUNI A. Noise trading and volatility: Evidence from day trading and message boards[J]. Available at SSRN 533943, 2004.

[62] JONES A L. Have internet message boards changed market behavior?[J]. Info, 2006, 8(5): 67-76.

[63] FELTON J, KIM J. Warnings from the Enron message board[J]. The Journal of Investing, 2002, 11(3): 29-52.

[64] LERMAN A. Individual investors' attention to accounting information: message board discussions[D]. New York University, Graduate School of Business Administration, 2010.

[65] ZHANG Y, SWANSON P E. Are day traders bias free?—evidence from internet stock message boards[J]. Journal of Economics and Finance, 2010, 34(1): 96-112.

[66] SCHUMAKER R P, ZHANG Y, HUANG C N, et al. Evaluating sentiment in financial news articles[J]. Decision Support Systems, 2012, 53(3): 458-464.

[67] WYSOCKI P D. Cheap talk on the web: The determinants of postings on stock message boards[J]. University of Michigan Business School Working Paper, 1998 (98025).

[68] KOSKI J L, RICE E, TARHOUNI A, et al. Day Trading and Volatility: Evidence from Message Board Postings in 2002 vs. 1999[J]. Unpublished working paper, University of Washington, 2008.

[69] SABHERWAL S, SARKAR S K, ZHANG Y. Online talk: does it matter?[J]. Managerial Finance, 2008, 34(6): 423-436.

[70] TUMARKIN R, WHITELAW R F. News or noise? Internet postings and stock prices [J]. Financial Analysts Journal, 2001: 41-51.

[71] 董大勇,肖作平.交易市场与网络论坛间存在信息传递吗?[J].管理评论,2011b,(11):3-11.

[72] 施荣盛.投资者关注与分析师评级漂移——来自中国股票市场的证据[J].投资研究,2012(6):133-145.

[73] 施荣盛,陈工孟.网络时代的股市"自行车定理"——基于股票论坛数据及分析师评级的研究[J].上海金融,2012,07:68-73,118.

[74] COOK D O, LU X. Noise, information, and rumors: Internet board messages affect stock returns[R].Working paper, 2009.

[75] DAS S, MARTÍNEZ-JEREZ A, TUFANO P. Information: A clinical study of investor

discussion and sentiment[J]. Financial Management, 2005, 34(3): 103-137.

[76] ANTWEILER W, FRANK M Z. Is all that talk just noise? The information content of internet stock message boards[J]. The Journal of Finance, 2004, 59(3): 1259-1294.

[77] DAS S R, CHEN M Y. Yahoo! for Amazon: Sentiment extraction from small talk on the web[J]. Management Science, 2007, 53(9): 1375-1388.

[78] SABHERWAL S, SARKAR S K, ZHANG Y. Do internet stock message boards influence trading? Evidence from heavily discussed stocks with no fundamental news [J]. Journal of Business Finance & Accounting, 2011, 38(9-10): 1209-1237.

[79] TUMARKIN R. Internet message board activity and market efficiency: a case study of the internet service sector using RagingBull.com[J]. Financial Markets, Institutions & Instruments, 2002, 11(4): 313-335.

[80] CLARKSON P M, JOYCE D, TUTTICCI I. Market reaction to takeover rumour in Internet Discussion Sites[J]. Accounting & Finance, 2006, 46(1): 31-52.

[81] BETTMAN J L, HALLETT A G, SAULT S. Rumortrage: Can investors profit on takeover rumors on internet stock message boards? [C] //Finance and Corporate Governance Conference. 2011.

[82] DELORT J, ARUNASALAM B, MILOSAVLJEVIC M, et al., The impact of manipulation in Internet stock message boards. International Journal of Banking and Finance, 2012. 8(4): p. 1.

[83] CAMPBELL J A. In and out, scream and shout: an Internet conversation about stock price manipulation. [C]//Proceedings of the 34th Annual Hawaii International Conference on System Sciences. IEEE. 2001.

[84] 林振兴. 网络讨论、投资者情绪与IPO抑价[J]. 山西财经大学学报,2011,33(2): 23-29.

[85] 董大勇,肖作平. 证券信息交流家乡偏误及其对股票价格的影响:来自股票论坛的证据[J]. 管理世界,2011a,(1): 52-61,188.

[86] CHOUDHURY D M, SUNDARAM H, JOHN A, et al. Can blog communication dynamics be correlated with stock market activity? [C]//Proceedings of the nineteenth ACM conference on Hypertext and hypermedia, ACM, 2008, 55-60.

[87] MAO YUEXIN, WEI WEI, WANG BING, et al. Correlating S&P 500 stocks with twitter data[C]// Proceedings of the First ACM International Workshop on Hot Topics on Interdisciplinary Social Networks Research, ACM, 2012, 69-72.

[88] GILLER G L. Maximum likelihood estimation of a poissonian count rate function for the followers of a Twitter account making directional forecasts of the stock market. Available at SSRN 1423628, 2009.

[89] RUIZ E J, HRISTIDIS V, CASTILLO C, et al. Correlating financial time series with micro-blogging activity[C]//Proceedings of the fifth ACM international conference on Web search and data mining. ACM, 2012: 513-522.

[90] FERNANDEZ F, REVILLA G, ANDALUZ A. Analysis of the discursive characterization of migratory stories on Twitter: The Aquarius case[J]. Revista Latina de Comunicacion Social, 2020: 1-17.

[91] BOLLEN J, MAO H, PEPE A. Modeling public mood and emotion: twitter sentiment and socio-economic phenomena[C] // Proceedings of the Fifth International AAAI Conference on Weblogs and Social Media, 2011, 450-453.

[92] BOLLEN J, MAO H, ZENG X. Twitter mood predicts the stock market[J]. Journal of Computational Science, 2011, 2(1): 1-8.

[93] OSAMAH M, HUANG S. A Comparative Study on Detection Accuracy of Cloud-Based Emotion Recognition Services[C] // International Conference on Signal Processing and Machine Learning (SPML). 2018: 142-148.

[94] SAEEDIAN M, JAMALI T, KAMALI M. Emergence of world-stock-market network [J]. Physica A: Statistical Mechanics and its Applications, 2019: 526.

[95] YAN Q, ZHOU S, WU S. The influences of tourists' emotions on the selection of electronic word of mouth platforms[J]. Tourism Management, 2017, 66 : 348-363.

[96] SPENGER T, WWLPE I. News or Noise? The stock market reaction to different types of company-specific news events[J]. The Stock Market Reaction to Different Types of Company-Specific News Events, 2011: 4.

[97] YEFENG R, ARJAN D, LINA A. Using Twitter trust network for stock market analysis[J]. Knowledge-Based Systems, 2018, 145 : 207-218.

[98] AMNA D, MATTIA A, DIEGO R. FineNews: fine-grained semantic sentiment analysis on financial microblogs and news[J]. International Journal of Machine Learning and Cybernetics, 2019, 10(8) : 2199-2207.

[99] 何贤杰,王孝钰,孙淑伟,等.网络新媒体信息披露的经济后果研究——基于股价同步性的视角[J].管理科学学报,2018,21(6):43-59.

[100] 石善冲,朱颖楠,赵志刚,等.基于微信文本挖掘的投资者情绪与股票市场表现[J].系统工程理论与实践,2018,38(6):1404-1412.

[101] MIZRACH B, WEERTS S. Experts online: an analysis of trading activity in a public internet chat room[J]. Journal of Economic Behavior & Organization, 2009, 70(1): 266-281.

[102] KHURAM S, NATASHA L, SHAFQAT A, et al. High-frequency trading: Inverse relationship of the financial markets[J]. Physica A: Statistical Mechanics and its

Applications, 2019, 527.

[103] 高铁梅. 计量经济分析方法与建模—EViews 应用及实例[M].3 版.北京:清华大学出版社, 2017.

[104] SIMS C A. Macroeconomics and reality [J]. Eeonometrica.1980, 48(1):1-48.

[105] KIRSTEN B, FRANCIS T, ANNETTE B, et al. Improved Insight into and Prediction of Network Dynamics by Combining VAR and Dimension Reduction[J]. Multivariate Behavioral Research, 2018, 53(6).

[106] GRANGER C W J. Investigating causal relations by econometric models and cross-spectral methods[J]. Econometrica: Journal of the Econometric Society, 1969: 424-438.

[107] ENGLE R F. Autoregressive conditional heteroscedasticity with estimates of the variance of United Kingdom inflation[J]. Econometrica: Journal of the Econometric Society, 1982: 987-1007.

[108] ENGLE R F, BOLLERSLEV T. Modelling the persistence of conditional variances [J]. Econometric reviews, 1986, 5(1): 1-50.

[109] HUSNAIN M. A systematic study on the role of SentiWordNet in opinion mining[J]. Frontiers of Computer Science, 2021, 15(4).

[110] 睢国钦,那日萨,彭振.基于深度学习和 CRFs 的产品评论观点抽取方法[J].情报杂志,2019,38(05):177-185.

[111] FISHER K L, STATMAN M. Consumer confidence and stock returns[J]. The Journal of Portfolio Management, 2003, 30(1): 115-127.

[112] BROWN G W, CLIFF M T. Investor sentiment and the near-term stock market[J]. Journal of Empirical Finance, 2004, 11(1): 1-27.

[113] BROWN G W, CLIFF M T. Investor Sentiment and Asset Valuation * [J]. The Journal of Business, 2005, 78(2): 405-440.

[114] 王美今,孙建军. 中国股市收益、收益波动与投资者情绪[J]. 经济研究,2004(10): 75-83.

[115] HE G, ZHU S, GU H. The Nonlinear Relationship between Investor Sentiment, Stock Return, and Volatility[J]. Discrete Dynamics in Nature and Society, 2020(3): 1-11.

[116] 张博,扈文秀,杨熙安.投资者情绪生成机理的研究[J].中国管理科学,2021,29(1): 185-195.

[117] LUGMAYR A. Predicting the Future of Investor Sentiment with Social Media in Stock Exchange Investments: A Basic Framework for the DAX Performance Index [J]. Handbook of Social Media Management. Springer Berlin Heidelberg, 2013: 565-589.

[118] BING H, YA T, LIYAN Y. Public information and uninformed trading: Implications

for market liquidity and price efficiency[J]. Journal of Economic Theory, 2016, 163: 604-643.

[119] 王雪晔.图像与情感:情感动员实践中的图像框架及其视觉修辞分析[J].南京社会科学,2019,4(5):121-127.

[120] PINKERTON B. Finding what people want: Experiences with the WebCrawler[C]// Proceedings of the Second International World Wide Web Conference. 1994, 94: 17-20.

[121] SEBASTIANI F. Machine learning in automated text categorization[J]. ACM computing surveys (CSUR), 2002, 34(1): 1-47.

[122] WIEBE J M. Tracking point of view in narrative[J]. Computational Linguistics, 1994, 20(2): 233-287.

[123] PANG B, LEE L, VAITHYANATHAN S. Thumbs up: sentiment classification using machine learning techniques[C]//Proceedings of the ACL-02 conference on Empirical methods in natural language processing-Volume 10. Association for Computational Linguistics, 2002: 79-86.

[124] YI E, LEE G G, SONG Y, et al. SVM-based biological named entity recognition using minimum edit-distance feature boosted by virtual examples[M]//Natural Language Processing-IJCNLP 2004. Springer Berlin Heidelberg, 2005: 807-814.

[125] TURNEY P D, LITTMAN M L. Measuring praise and criticism: Inference of semantic orientation from association[J]. ACM Transactions on Information Systems (TOIS), 2003, 21(4): 315-346.

[126] TURNEY P D. Thumbs up or thumbs down: semantic orientation applied to unsupervised classification of reviews[C]//Proceedings of the 40th annual meeting on association for computational linguistics. Association for Computational Linguistics, 2002: 417-424.

[127] BAGHERZADEH S, SHOKOUHYAR S, JAHANI H. A generalizable sentiment analysis method for creating a hotel dictionary: using big data on TripAdvisor hotel reviews[J]. Journal of Hospitality and Tourism Technology, 2021: 210-238.

[128] SCHULDER M, WIEGAND M, RUPPENHOFER J. Automatic generation of lexica for sentiment polarity shifters[J]. Natural Language Engineeing,2021:153-179.

[129] TANG M, JIN J, LIU Y. Integrating Topic, Sentiment, and Syntax for Modeling Online Reviews: A Topic Model Approach[J]. Journal of Computing and Information Science in Engineering, 2019:19.

[130] 邓淑卿,李玩伟,徐健.基于句法依赖规则和词性特征的情感词识别研究[J].情报理论与实践,2018,41(5):137-142.

[131] PANG B, LEE L. A sentimental education: Sentiment analysis using subjectivity

summarization based on minimum cuts[C] //Proceedings of the 42nd annual meeting on Association for Computational Linguistics. Association for Computational Linguistics, 2004: 271.

[132] RANI S, NASIB S, GULIA P. Survey of Tools and Techniques for Sentiment Analysis of Social Networking Data[J]. International Journal of Advanced Computer Science and Application, 2021: 222-232.

[133] YAN Y T, XIAO Z H, XUAN ZY. Implicit emotional tendency recognition based on disconnected recurrent neural networks[J]. Journal of Computing and Information Science in Engineering, 2021: 1-8.

[134] WIEBE J, WILSON T, CARDIE C. Annotating expressions of opinions and emotions in language[J]. Language resources and evaluation, 2005, 39(2-3): 165-210.

[135] PANG B, LEE L. A sentimental education: Sentiment analysis using subjectivity summarization based on minimum cuts[C] //Proceedings of the 42nd annual meeting on Association for Computational Linguistics. Association for Computational Linguistics, 2004: 271.

[136] HU M, LIU B. Mining and summarizing customer reviews[C] //Proceedings of the tenth ACM SIGKDD international conference on Knowledge discovery and data mining. ACM, 2004: 168-177.

[137] JINDAL N, LIU B. Opinion spam and analysis[C] //Proceedings of the 2008 International Conference on Web Search and Data Mining. ACM, 2008: 219-230.

[138] BLITZER J, DREDZE M, PEREIRA F. Biographies, bollywood, boom-boxes and blenders: Domain adaptation for sentiment classification[C] //ACL. 2007, 7: 440-447.

[139] KU L W, WU T H, LEE L Y, et al. Construction of an evaluation corpus for opinion extraction[J]. Proc of the Fifth NTCIR Wksp on Evaluation of Information Access Technologies: Information Retrieval, Question Answering, and Cross-Lingual Information Access, 2005: 513-520.

[140] 潘宏.投资者意见分歧研究的最新进展与展望[J].上海金融,2012(4):32-38,117.

[141] MCCALLUM A, NIGAM K. A comparison of event models for naive bayes text classification[C] //AAAI-98 workshop on learning for text categorization. 1998, 752: 41-48.

[142] GILBERT E, KARAHALIOS K. Widespread Worry and the Stock Market[C] // ICWSM. 2010: 59-65.

[143] LOUGHRAN T, MCDONALD B. When is a liability not a liability? Textual analysis, dictionaries, and 10-Ks[J]. The Journal of Finance, 2011, 66(1): 35-65.

[144] 齐甜方,蒋洪迅.基于Seq2Seq文本摘要和情感挖掘的股票波动趋势预测[J].管理评论,2021,33(5):257-269.

[145] 刘群,李素建.基于《知网》的词汇语义相似度的计算[C].台北:第三届汉语词汇语义学研讨会,2002:59-76.

[146] 夏天.汉语词语语义相似度计算研究[J].计算机工程,2007,33(6):191-194.

[147] 朱嫣岚,闵锦,周雅倩,等.基于HoWNet的词汇语义倾向计算[J].中文信息学报,2005,20(1):14-20.

[148] DIBARTOLOMEO D. Using news as a state variable in assessment of financial market risk[J]. The Handbook of News Analytics in Finance, 2011: 245-254.

[149] CLARK PETER K. A Subordinated Stochastic Process Model with Finite Variance for Speculative Prices[J]. Econometrica, 1973, 41(1): 135-155.

[150] DAROLLES S, LE FOL G, MERO G. Mixture of Distribution Hypothesis: Analyzing Daily Liquidity Frictions and Information Flows[J]. Journal of Econometrics, 2017, 201(2): 367-383.

[151] LAMOUREUX C G, LASTRAPES W D. Heteroskedasticity in stock return data: Volume versus GARCH effects[J]. The Journal of Finance, 1990, 45(1): 221-229.

[152] GALVANI V, ACKMAN M. Financial Transaction Tax, Liquidity, and Informational Efficiency: Evidence from Italy[J]. Heliyon, 2021, 7(3): e06416.

[153] YANG H J, XIA W. Private Information Transmission, Momentum and Reversal[J]. Journal of Behavioral Finance, 2020, 21(3): 311-322.

[154] BARCLAY M J, WARNER J B. Stealth trading and volatility: Which trades move prices?[J]. Journal of Financial Economics, 1993, 34(3): 281-305.

[155] BERRY T D, HOWE K M. Public information arrival[J]. The Journal of Finance, 1994, 49(4): 1331-1346.

[156] MITCHELL M L, MULHERIN J H. The impact of public information on the stock market[J]. The Journal of Finance, 1994, 49(3): 923-950.

[157] RYAN P, TAFFLER R J. Are Economically Significant Stock Returns and Trading Volumes Driven by Firm-specific News Releases?[J]. Journal of Business Finance & Accounting, 2004, 31(1-2): 49-82.

[158] KALEV P S, LIU W M, PHAM P K, et al. Public information arrival and volatility of intraday stock returns[J]. Journal of Banking & Finance, 2004, 28(6): 1441-1467.

[159] FRIJNS B, VERSCHOOR W F C, ZWINKELS R C J. Excess Stock Return Comovements and the Role of Investor Sentiment[J]. Journal of International Financial Markets, Institutions and Money, 2017, 49: 74-87.

[160] KIM S, SUNG K H, JI Y, et al. Online Firestorms in Social Media: Comparative

[161] JAVA A, SONG X, FININ T, et al. Why we twitter: understanding microblogging usage and communities[C] //Proceedings of the 9th WebKDD and 1st SNA-KDD 2007 workshop on Web mining and social network analysis. ACM, 2007: 56-65.

[162] 黄晓彬, 王春峰, 房振明, 等. 基于隐马尔科夫模型的中国股票信息探测[J]. 系统工程理论与实践, 2012, 32(4): 713-720.

[163] HONG H, KUBIK J D, STEIN J C. Social interaction and stock-market participation[J]. The Journal of Finance, 2004, 59(1): 137-163.

[164] BOMMEL J V. Rumors[J]. The Journal of Finance, 2003, 58(4): 1499-1520.

[165] HIRSHLEIFER D, TEOH S H. Limited attention, information disclosure, and financial reporting[J]. Journal of Accounting and Economics, 2003, 36(1): 337-386.

[166] GUAN-RU WU G, CHIEH-TSE HOU T, LIN J-L. Can Economic News Predict Taiwan Stock Market Returns?[J]. Asia Pacific Management Review, 2019, 24(1): 54-59.

[167] TSUKIOKA Y, YANAGI J, TAKADA T. Investor Sentiment Extracted from Internet Stock Message Boards and IPO Puzzles[J]. International Review of Economics & Finance, 2018, 56: 205-217.

[168] GE Z, WANG W, CHEN D. Predicting Index Returns from the Market Structure Disagreement: Evidence from China[J]. Engineering Letters, 2020, 28(4): 12.

[169] MILGROM P, STOKEY N. Information, trade and common knowledge[J]. Journal of Economic Theory, 1982, 26(1): 17-27.

[170] 部慧, 解峥, 李佳鸿, 等. 基于股评的投资者情绪对股票市场的影响[J]. 管理科学学报, 2018, 21(4): 86-101.

[171] YEN MF, HUANG Y, YU L, et al. A Two-Dimensional Sentiment Analysis of Online Public Opinion and Future Financial Performance of Publicly Listed Companies [J/OL]. Computational Economics, 2021[2021-08-01]. https://link.springer.com/10.1007/s10614-021-10111-y.

[172] YUAN XD, HOU F, CAI XH. How Do Patent Assets Affect Firm Performance? From the Perspective of Industrial Difference[J]. Technology Analysis & Strategic Management, 2021, 33(8): 943-956.

[173] LUO X. Quantifying the Long-Term Impact of Negative Word of Mouth on Cash Flows and Stock Prices[J]. Marketing Science, 2013, 28(1): 148-165.

[174] TIRUNILLAI S, TELLIS G J. Does chatter really matter? Dynamics of user-generated content and stock performance, Marketing Science, 2012, 31(2): 198-215.

[175] CHANG H S, CHEN J F, HSU S W, et al. The Impact of the Bullwhip Effect on Sales and Earnings Prediction Using Order Backlog[J]. Contemporary Accounting Research, 2018, 35(2): 1140-1165.

[176] FELDMAN R, GOVINDARAJ S, LIVNAT J, et al. Management's tone change, post earnings announcement drift and accruals, Review of Accounting Studies, 2010, 15(4): 915-953.

[177] HAJEK P, OLEJ V, PROCHAZKA O. Predicting Corporate Credit Ratings Using Content Analysis of Annual Reports-A Naïve Bayesian Network Approach[C]. FEUERRIEGEL S, NEUMANN D, (eds)//Enterprise Applications, Markets and Services in the Finance Industry. Cham: Springer International Publishing, 2017: 47-61.

[178] DAVIS A K, PIGER J M, SEDOR L M. Beyond the Numbers: Measuring the Information Content of Earnings Press Release Language[J]. Contemporary Accounting Research, 2012, 29(3): 845-868.

[179] 杨侠,马忠.机构投资者调研与上市公司内部控制有效性[J].中南财经政法大学学报,2020,4(1):13-25,158.

[180] QASEM A, ARIPIN N, WAN-HUSSIN W N. Financial Restatements and Sell-Side Analysts' Stock Recommendations: Evidence from Malaysia[J]. International Journal of Managerial Finance, 2020, 16(4): 501-524.

[181] KLIMCZAK K M, DYNEL M. Evaluation Markers and Mitigators in Analyst Reports in Light of Market Response to Stock Recommendations[J]. International Journal of Business Communication, 2018, 55(3): 310-337.

[182] DA Z, ENGELBERG J, GAO P. In search of attention[J]. The Journal of Finance, 2011, 66(5): 1461-1499.